Sabedoria
no dia a dia

reflexões do PAPO das 9 com
André Trigueiro

InterVidas

Catanduva, SP
2024

Sabedoria
no dia a dia

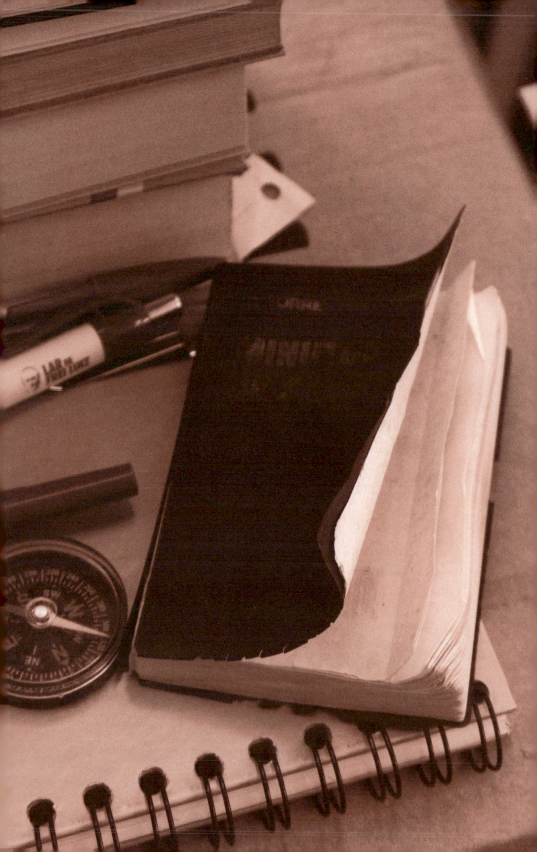

Dedicatória

Dedico este livro a todos os amigos do *Papo das 9*, que são muitos, de muitos lugares, e que fazem chegar a mim de muitas maneiras a alegria dessa amizade!

Agradeço a Ariane e Anderson pela maravilhosa parceria que foi muito além do suporte técnico.

À minha amada Claudia, pela preciosa colaboração em múltiplas frentes.

A Christiana Pastorino, pela amizade e confiança.

A Ricardo, Ary, Thiago e Beatriz, pela qualidade do projeto editorial.

À Editora Vozes, pela cessão dos direitos das mensagens do livro *Minutos de sabedoria*.

Agradeço também a todos os amigos espirituais que sempre estiveram presentes na realização das *lives* – por vezes de forma bastante ostensiva – e do livro.

Gratidão especial ao mestre Pastorino, que não conheci pessoalmente, mas que, por vezes, senti bastante próximo lá no "meu cafofo em Laranjeiras".

Sumário

P
Prefácio
Christiana Pastorino
•16

Apresentação
Muito mais que um papo...
•22

1
Metralhadora giratória
•32

Escolhas
•38

3
O poder da palavra
•44

4
Em favor da vida
•50

5
Bomba-relógio
•56

6
Falar com Deus
•62

7
Mestre
do seu destino
•68

8
Extremismos
•74

9
Pare
e pense
•80

10
Liberdade
religiosa
•86

11
Recomeçar
sempre
•92

12
A força
do pensamento
•98

13
Desacelerar
•104

14
Deus
não joga dados
•110

15
Prevenindo
o suicídio
•116

16
Há
saída
•122

17
No tabuleiro
da existência
•128

18
A marcha
inexorável
do tempo
•134

19
Coragem
para amar
•140

20
Minimalismo
•146

21
Que planeta
é este?
•152

22
Tempo
certo
•158

23
O segredo
de uma vida feliz
•164

24
O valor
da humildade
•170

25
Impulsividade
•176

26
Irmãos
em evolução
•182

27
Oportunidades
de acertar
•190

28
Ética
e poder
•196

29
Aprender
a dizer não
•202

30
A boa
semeadura
•208

31
A hora
é agora
•216

32
Força,
coragem e fé
•222

Prefácio
Christiana Pastorino

Quando eu soube, em 2020, que André Trigueiro tinha iniciado um programa ao vivo, transmitido pela internet diariamente para ajudar as pessoas a passarem pelo período da pandemia, ofertando palavras de acolhimento, indicações de leitura e comentários bem fundamentados das notícias, e divulgando pedidos de ajuda aos que estavam passando por dificuldades, resolvi escutar. Lembro da surpresa quando, logo no começo do *Papo das 9*, ouvi a sua leitura de um trecho de *Minutos de sabedoria*. Uma emoção com pitadas de alegria e um calor no coração me invadiram. A partir desse dia, passei a acompanhar o programa enquanto mexia na horta, ou no jardim, e assim ele tornou-se a agradável companhia matinal enquanto eu vivia aqueles dias pesados de isolamento.

Em um momento em que as pessoas teciam longos comentários e críticas com base apenas em manchetes de jornais, era um alívio e um conforto ouvir as opiniões do André, sempre bem fundamentadas, a respeito do que acontecia no Brasil e no mundo.

Escutar as mensagens no programa trouxe uma percepção diferente da leitura que normalmente faço dos textos de meu pai, ainda mais seguidas dos comentários do André, sempre carinhosos, com olhar mais atualizado. Um dia, ao ouvir um comentário sobre a frase "pobres de espírito" do *Evangelho de Mateus* [5:3] e acompanhar a repercussão e vários questionamentos feitos pelo *chat*, decidi entrar em contato com André para enviar a tradução e o comentário de papai e, de alguma forma, tentar contribuir com o tema. A partir daí, iniciamos uma frutífera troca de mensagens sobre vários assuntos e nasceu uma singela amizade.

Preciso destacar que, desde os 3 anos de idade, meu pai revelou vocação para a vida religiosa. Entrou para a Escola Apostólica e Noviciado dos Padres Barnabitas aos 9 anos e mudou-se para Roma no segundo semestre de 1927. Em junho de 1933, já no Brasil e formado em filosofia e teologia, foi ordenado sacerdote. Quatro anos depois, no início de 1937, desejoso de construir um lar e sem poder lidar com a solidão do celibato, decidiu largar a batina.

Tornou-se, então, escritor e professor de psicologia, lógica, história da filosofia, linguística, espanhol, esperanto, literatura grega e literatura latina em várias escolas. Deu aula no Colégio Pedro II, no Colégio Militar do Rio de Janeiro, no Centro de Ensino Universitário de Brasília e na Universidade de Brasília. Exerceu também as funções de tradutor público e intérprete comercial de italiano, francês e espanhol da Junta Comercial do Distrito Federal. Foi historiador, teatrólogo, filólogo, poeta, músico e crítico de arte. Era conhecedor, ainda, de hebraico e sânscrito.

Assim como André Trigueiro, Carlos Pastorino também era jornalista e tinha o dom da comunicação. Foi correspondente de vários jornais, entre eles *Gazeta de Notícias*, *Jornal do Commercio* e *O Jornal – Diários Associados* (Rio de Janeiro, RJ), e *Folha do Norte* (Belém, PA). Inclusive, o livro *Minutos de sabedoria* é uma coletânea das mensagens de seu programa *Três minutos de sabedoria*, veiculado em 1950 pela *Rádio Copacabana* (Rio de Janeiro, RJ). Não foi somente essa semelhança que me chamou a atenção, mas também o jeito de falar e o jeito de buscar viver o que se prega. Meu pai também sempre procurou se colocar como humano falível, em uma sincera caminhada de crescimento; um professor que aprendia muito com os alunos e não escondia isso. Ele também tinha consciência de que não sabia tudo e que era mais um na marcha do aprendizado. Além de jornalista, professor e palestrante espírita, também torcia para o Fluminense e gostava de uma novela de vez em quando. Lembro que assistimos à primeira versão da novela televisiva *A viagem* todos juntos, em família.

Não posso deixar de registrar aqui a minha gratidão pelo ânimo diário que recebi do programa *Papo das 9*. Torço para que este livro atinja o mesmo belo objetivo que o programa sempre conquistou.

— CHRISTIANA PASTORINO

Assim como André Trigueiro, Carlos Pastorino também era jornalista e tinha o dom da comunicação. Não foi somente essa semelhança que me chamou a atenção, mas também o jeito de falar e o jeito de buscar viver o que se prega. Meu pai também sempre procurou se colocar como humano falível, em uma sincera caminhada de crescimento.

Apresentação
Muito mais que um papo...

As *lives* do *Papo das 9* surgiram num momento de extrema angústia, no auge da pandemia de covid-19, quando ainda não havia vacina e o isolamento social era a resposta possível para evitar a propagação ainda mais rápida do vírus. O trabalho de pesquisa realizado para o livro *Viver é a melhor opção: a prevenção do suicídio no Brasil e no mundo*[1] me deu a certeza de que, naquele momento, todos estávamos sendo submetidos a uma intensa pressão psíquica e emocional, fosse pelo elevado número de internações e óbitos causados pela covid, fosse pela impossibilidade de prevermos quando aquele pesadelo chegaria ao fim. Quando me dei conta da gravidade da situação, percebi o risco de muitos sucumbirem diante de um cenário tão hostil.

A verdade é que fui subitamente arrebatado pela ideia de usar os recursos ao meu alcance para tentar atenuar aquela atmosfera tensa, tóxica, que tornava a existência de muitos um fardo perigosamente pesado.

O *Papo das 9* parece ter nascido pronto: do nome de batismo, passando pela forma simples e direta de falar com as pessoas, sem qualquer produção ou viés comercial. A espinha dorsal do projeto manteve-se inalterada desde o início: a leitura de uma mensagem aberta ao acaso do livro *Minutos de sabedoria*. Na

---

1. André Trigueiro. *Viver é a melhor opção: a prevenção do suicídio no Brasil e no mundo.* São Bernardo do Campo: Correio Fraterno, 2015.

sequência, a recomendação de uma obra literária que me parecesse interessante e, depois, uma sugestão de doação para um projeto beneficente, uma organização filantrópica ou uma pessoa em situação de extrema dificuldade. Também fazia diariamente um breve resumo dos assuntos do noticiário que julgava ser importantes. Depois dessa primeira parte, eu respondia às perguntas enviadas pelas pessoas que acessavam a *live*. Por quase dois anos ininterruptos, todos os dias, durante 60 minutos, o *Papo das 9* foi o meu compromisso sagrado de todas as manhãs. Ser espírita e compartilhar com o público valores e princípios da minha crença nunca resvalaram no proselitismo religioso. Sempre procurei me pautar pelo respeito à toda crença – e àqueles desprovidos de qualquer crença –, na certeza de que o maior objetivo do *Papo* é acolher, encorajar, fortalecer o desejo de cada um de ser a melhor versão de si mesmo.

A resposta do público foi surpreendente e emocionante. Grupos se formaram a partir desses encontros diários e ganharam vida própria, mobilizando-se em favor de causas nobres. Durante as *lives*, sempre que alguém manifestava, por meio de mensagem por escrito no aplicativo, algum desconforto ou pesar por qualquer motivo, amigos virtuais rapidamente se prontificavam a dar uma palavra de apoio ou ajuda. Sim, as *lives* se desdobravam em duas frentes de solidariedade: o que era dito por mim e o que acontecia, em paralelo, em situações como essas. Não é incrível?

Formamos uma comunidade e nos tornamos cúmplices de algo maior. Nesse ambiente de intimidade e confiança, senti-me à vontade para cantar, rir, chorar, desabafar...

A exposição pública ao vivo e de improviso traz riscos. Me expus como nunca fizera antes e, sinceramente, não me arrependo.

Desde o início dessa jornada, perdi a conta de quantas pessoas fizeram chegar a mim as mais diversas manifestações de carinho e amizade pela existência do *Papo das 9*. Acessei histórias impressionantes de superação e resiliência, de força para seguir em frente, de coragem para lidar com os obstáculos, de fé para superar o que parecia intransponível. São depoimentos que me inspiram e fortalecem no enfrentamento das minhas muitas fraquezas e limitações.

Minutos de sabedoria

Muita gente que acompanha o *Papo das 9* aguarda com expectativa a leitura da página aberta "ao acaso" do livro *Minutos de sabedoria*, de Carlos Torres Pastorino. Explico as aspas: a abertura do livro é precedida de um pedido feito por mim, em forma de prece, para que os amigos espirituais intercedam e permitam que a mensagem a ser lida ao vivo seja, na verdade, escolhida por eles, e não por mim. Enquanto faço o pedido, o polegar escorrega pelas páginas até acessar aleatoriamente uma mensagem. Após lê-la, faço um comentário de improviso, procurando a essência dessa mensagem, deixando claro que a interpretação que faço não é a melhor nem a pior, é apenas a minha. E estimulo as pessoas a fazerem o mesmo exercício de meditação tendo como base esse ou qualquer outro livro com mensagem edificantes.

A escolha do livro do professor Pastorino foi cirúrgica. *Minutos de sabedoria* é uma obra-prima. Precursor desse gênero de literatura (livro de bolso com mensagens curtas de elevada espiritualidade), Carlos Torres Pastorino realizou a proeza de ser o autor espírita de um *best-seller* editado por uma editora católica. Na verdade, as pílulas de sabedoria cuidadosamente lapidadas por ele inspiram pessoas de qualquer credo – ou nenhum credo. Lá se vão mais de 60 anos de sucessivas reimpressões que geram benefícios incalculáveis a diversas gerações de pessoas que buscam um sentido para a vida, para a morte, para os muitos desafios da existência.

Graças ao *Papo das 9*, pude conhecer uma das filhas de Pastorino. Sem que eu soubesse, Christiana assistia às *lives*. No dia 1º de julho de 2020, para minha surpresa, ela fez contato pelo WhatsApp (temos um amigo em comum) com uma mensagem que começava assim:

Boa tarde! Meu nome é Christiana Pastorino e, se possível, gostaria de falar contigo. Não somente para agradecer, mas para poder contribuir com uma fala sua de hoje, no *Papo das 9*...

Na sequência da mensagem, ela pediu meu *e-mail* para compartilhar um texto do pai sobre as bem-aventuranças narradas no *Evangelho* de Jesus, uma verdadeira aula com a assinatura do mestre. Foi a primeira de várias contribuições importantes que recebi de Christiana sobre o pensamento desse destacado pesquisador da espiritualidade.

Sabedoria no dia a dia

Este livro resgata o trabalho de Pastorino – e celebra a existência do *Papo das 9* – ao elencar uma seleção de mensagens que me parecem especialmente oportunas nesses tempos desafiadores que atravessamos. Nas páginas que se seguem, celebro a capacidade de síntese do grande professor e homenageio sua obra mais conhecida com inspirações que podem ser tão úteis neste momento quanto são úteis no *Papo das 9*. Diferentemente do que ocorria nas *lives* iniciadas durante a pandemia, quando as páginas de Pastorino ensejavam uma breve dissertação de "bate-pronto", aqui a proposta é outra: compartilhar *insights* resultantes de uma imersão mais cuidadosa e acurada. Que os resultados alcançados nas transmissões ao vivo possam se multiplicar por meio desse projeto editorial, cujos direitos autorais foram inteiramente cedidos às Casas André Luiz, instituição filantrópica fundada em 1949, em Guarulhos, no estado de São Paulo, e que é referência no atendimento gratuito a pessoas com deficiências intelectual e física. (casasandreluiz.org.br)

O maior objetivo do *Papo das 9* é acolher, encorajar, fortalecer o desejo de cada um de ser a melhor versão de si mesmo. Muita gente que acompanha as *lives* do *Papo das 9* aguarda com expectativa a leitura da página do livro *Minutos de sabedoria*, de Carlos Torres Pastorino. As pílulas de sabedoria cuidadosamente lapidadas por Pastorino inspiram pessoas de qualquer credo – ou nenhum credo. Este livro resgata o trabalho de Pastorino – e celebra a existência do *Papo das 9*.

Metralhadora giratória

1

Não critique!

Procure antes colaborar com todos, sem fazer críticas.

A crítica fere, e ninguém gosta de ser ferido.

E a criatura que gosta de criticar, aos poucos, se vê isolada de todos.

Se vir alguma coisa errada, fale com amor e carinho, procurando ajudar.

Mas, sobretudo, procure corrigir os outros através de seu próprio exemplo.

— PASTORINO

Carlos Torres Pastorino. *Minutos de sabedoria.* 42. ed. Petrópolis: Vozes, 2016. [mensagem 1]

Por que a primeira mensagem do livro *Minutos de sabedoria* desencoraja as críticas? Existiria algum motivo especial para essa ser a primeira das 288 mensagens publicadas no livro? Não me parece que a escolha tenha sido aleatória, considerando o metódico trabalho de seleção dos assuntos por parte do autor e de reconfiguração dos textos originais extraídos do roteiro de *Três minutos de sabedoria*, programa de rádio da década de 1950.

A mim, parece-me que essa mensagem de Pastorino tem múltiplos alcances, mas o fato de ser a primeira do livro lhe empresta um sentido de urgência que permanece rigorosamente atual. É assustador viver num mundo onde a maioria das pessoas parece ter certezas incontestáveis sobre quase tudo, e poucas dúvidas. Refugiados nessa trincheira das "verdades inquestionáveis", muitos de nós cedemos à tentação de criticar quem está no caminho supostamente errado. A metralhadora giratória das críticas encontra hoje, nas redes sociais, o lugar perfeito. A depender das plataformas, melhor seria chamá-las de redes antissociais, porque fomentam a agressão deliberada e gratuita disfarçada de crítica.

A mensagem parece aludir a diferentes passagens do *Evangelho* de Jesus. "Como é que vedes um argueiro no olho do vosso irmão, quando não vedes uma trave no vosso olho?" [*Mt* 7:3], sugeriu o Mestre, conhecendo nossa inclinação para a crítica sistemática, sem qualquer proveito a não ser o prazer de espezinhar a vítima da vez. Com o agravante de não empregarmos a mesma energia em identificar nossas próprias imperfeições, que ainda nos causam tantas dores e sofrimentos.

É natural também a associação dessa mensagem à outra passagem evangélica, na qual Jesus adverte que não devemos julgar para não sermos julgados [*Mt* 7:1]. O propósito do ensinamento parece ser o mesmo: evitem o julgamento deliberado e gratuito, pois que isso nos afasta do verdadeiro senso de justiça e amor. Mas é muito importante não generalizar o sentido do "não julgueis para não serdes julgados", como fazem precipitadamente muitos dos que se dizem cristãos.

Jesus mesmo não poupou críticas aos doutores da Lei por emprestarem mais valor aos atos exteriores de fé do que à vivência espiritual profunda, individual, desapegada de dogmas e rituais. Chegou a usar palavras duras, como "hipócritas", ao se referir às autoridades religiosas que zelavam pelas tradições do judaísmo.

Sobre esse assunto são esclarecedoras as mensagens do Espírito São Luís publicadas no capítulo X de *O Evangelho segundo o espiritismo*.[2] Segundo ele, o direito de repreender alguém depende da intenção de quem

---

2. Allan Kardec. *O Evangelho segundo o espiritismo*. Trad. Guillon Ribeiro. 131. ed. Brasília: FEB, 2013. [cap. X, itens 19, 20 e 21]

faz a crítica e das circunstâncias envolvidas. Em situações específicas, sempre inspiradas pela "caridade bem compreendida", desvendar o mal de outrem seria uma obrigação.

> Se as imperfeições de uma pessoa só a ela prejudicam, nenhuma utilidade haverá nunca em divulgá-la. Se, porém, podem acarretar prejuízos a terceiros, deve-se atender de preferência ao interesse do maior número. Segundo as circunstâncias, desmascarar a hipocrisia e a mentira pode constituir um dever, pois mais vale caia um homem, do que virem muitos a ser suas vítimas.[3]

A mensagem de abertura escolhida por Pastorino para seu livro de maior sucesso nos convida ao desarmamento do espírito, à coragem de exemplificarmos o que nos pareça ser o certo e ao cuidado, quando necessário, de apontar o erro de outra pessoa sem arrogância ou vaidade.

---

3. Allan Kardec. *O Evangelho segundo o espiritismo*. Trad. Guillon Ribeiro. 131. ed. Brasília: FEB, 2013. [cap. X, item 21]

É assustador viver num mundo onde a maioria das pessoas parece ter certezas incontestáveis sobre quase tudo, e poucas dúvidas. Muitos de nós cedemos à tentação de criticar quem está no caminho supostamente errado. A metralhadora giratória das críticas encontra hoje, nas redes sociais, o lugar perfeito. A depender das plataformas, melhor seria chamá-las de redes antissociais, porque fomentam a agressão deliberada e gratuita disfarçada de crítica.

Escolhas

2

Fixe seu olhar no lado belo da vida!

Há tanta coisa para ser contemplada e apreciada!

As moscas buscam as chagas num corpo inteiramente limpo.

As abelhas buscam as flores, mesmo no meio de um pântano.

Seja como as abelhas!

Embora tudo em torno seja lama, procure com atenção, que há de descobrir uma pequenina flor que venha alegrar sua alma.

Fixe seu olhar no lado belo da vida!

— PASTORINO

Carlos Torres Pastorino. *Minutos de sabedoria*. 42. ed. Petrópolis: Vozes, 2016. [mensagem 48]

Se o noticiário está pesado, repleto de notícias ruins, e isso te abala, estabeleça uma trégua para si próprio no consumo das informações dilacerantes. Se o momento é difícil, por que acessar conteúdos (na vida real ou no território da ficção) que agravam a desesperança ou a tristeza? Para onde te levam as longas navegações aleatórias na internet que demandam preciosos tempo e energia? Quais leituras te animam? Que músicas te inspiram? Quais companhias te põem para cima? Que lugares te fascinam?

Sim, temos o poder de realizar escolhas no dia a dia, a todo instante, que nos favorecem ou nos prejudicam. Em boa parte dos casos, não temos consciência disso.

"Eu me sinto realizado por conseguir te fazer feliz. Rir é um ato de resistência", dizia o humorista Paulo Gustavo, que faleceu em 2021, ainda jovem, vitimado pela covid. A frase mais famosa dele sugere que o riso, como expressão de alegria, segue na contramão de uma cultura que estigmatiza o humor, a leveza e a ir-reverência, elementos intrínsecos à natureza humana e fundamentais à vida e à saúde mental. Sim, é pre-ciso resistir ao pessimismo, ao catastrofismo, à visão apocalíptica que tenta sobrepor o cinza ao colorido da existência.

É curioso como a imagem mais conhecida do codificador do espiritismo, Allan Kardec, estampada em vários livros, é uma fotografia em que ele aparece sério, compenetrado, quase sisudo. Na cinebiografia do grande pedagogo francês, o diretor Wagner de Assis, baseado no livro de Marcel Souto Maior,[4] revela Kardec rindo, dançando, brincando com as crianças, sem que isso comprometa minimamente sua credibilidade.

"Deus é a vontade de estar feliz", diz o refrão da música *Mensagem* da banda de *reggae* Cidade Negra, formada na década de 1980 na cidade de Belford Roxo, na Baixada Fluminense. A própria história do *reggae* (entre outros gêneros musicais, como o nosso samba) traz embutida a resistência a condições sociais hostis e a busca de um caminho que traga paz, alegria e felicidade.

Somos o resultado das escolhas que fazemos. Escolher o lado belo da vida é, sem dúvida, uma das mais importantes.

---

4. Marcel Souto Maior. *Kardec: a biografia*. 11. ed. Rio de Janeiro: Record, 2019.

Se o noticiário está pesado e isso te abala, estabeleça uma trégua para si próprio no consumo das informações dilacerantes. Se o momento é difícil, por que acessar conteúdos que agravam a desesperança ou a tristeza? Para onde te levam as longas navegações aleatórias na internet? Quais leituras te animam? Que músicas te inspiram? Quais companhias te põem para cima? Somos o resultado das escolhas que fazemos. Escolher o lado belo da vida é, sem dúvida, uma das mais importantes.

O poder da palavra

3

Policie suas palavras.

Evite termos impróprios e anedotas pesadas.

Lembre-se de que tudo o que dizemos permanece em nossa atmosfera mental, atraindo aqueles que pensam da mesma forma e que passarão a formar o círculo comum em redor de nós.

Não ofenda com palavras baixas os anjos de Deus, que se afastarão de você, horrorizados.

A boa educação se manifesta também através das palavras que partem de nós.

— PASTORINO

Carlos Torres Pastorino. *Minutos de sabedoria.* 42. ed. Petrópolis: Vozes, 2016. [mensagem 38]

Se tivéssemos plena consciência do poder das palavras, seríamos certamente muito mais cautelosos e prudentes no emprego dos vocábulos nas mais diversas circunstâncias da vida. Quantas existências foram transformadas a partir da palavra certa, dita no momento certo, ou arruinadas pela palavra-gatilho que implode a esperança e a autoestima? As palavras que abençoam vibram numa frequência bem diferente daquelas que amaldiçoam. Palavras que fazem rir ou chorar, aproximam ou afastam, acolhem ou desprezam, relaxam ou tensionam são ditas todos os dias, o tempo todo.

No livro *Fonte viva*, por meio da psicografia de Chico Xavier, o Espírito Emmanuel recomenda que

não nos esqueçamos de que nossos pensamentos, palavras, atitudes e ações constituem moldes mentais para os que nos acompanham.[5]

Toda palavra encerra, portanto, uma ideia cujo efeito é imediato naquele que a ouve, para o bem ou para o mal.

---

5. Emmanuel [Espírito], Francisco C. Xavier. *Fonte viva*. 37. ed. Brasília: FEB, 2013. [cap. 161, p. 461]

Não é exagero dizer que as palavras podem determinar fatores de cura ou de adoecimento. Quanto maior o repertório de palavras positivas e inspiradoras de alguém, maior o número de pessoas desejosas de permanecer por perto para degustar desse banquete. Muda-se a psicosfera de um lugar em que as palavras expressas com amor reverberam o hálito de Deus. Numa das mais preciosas lições do *Evangelho*, Jesus nos aconselha a "vigia e orai" para que nos livremos de situações desnecessariamente embaraçosas, desgastantes ou mesmo dolorosas. Isso vale especialmente para quem fala sem medir as consequências do que diz.

Num mundo tão turbulento e confuso, onde a maioria das pessoas que gostam de falar não estão minimamente interessadas em ouvir as palavras dos outros, que possamos caprichar nas palavras que aproximam sem descuidar da escuta paciente igualmente acolhedora.

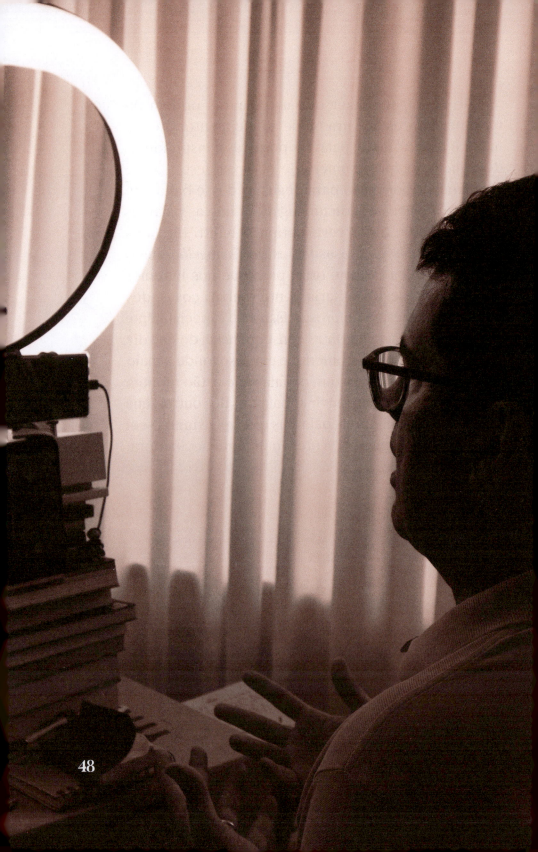

Toda palavra encerra uma ideia cujo efeito é imediato naquele que a ouve, para o bem ou para o mal. Num mundo tão turbulento e confuso, onde a maioria das pessoas que gostam de falar não estão minimamente interessadas em ouvir as palavras dos outros, que possamos caprichar nas palavras que aproximam sem descuidar da escuta paciente igualmente acolhedora.

Em favor da vida

4

A terra espera pelo seu auxílio.

Ela lhe dá o ar para respirar desde que nasceu, a água para dessedentá-lo, o alimento para sustentá-lo, a residência para protegê-lo; e você, que é que dá em retribuição?

Está contribuindo para a prosperidade da terra que o recebe de braços abertos, permitindo-lhe a evolução e o aprendizado?

Não se esqueça de que a terra espera pelo seu auxílio!

— PASTORINO

Carlos Torres Pastorino. *Minutos de sabedoria.* 42. ed. Petrópolis: Vozes, 2016. [mensagem 102]

Uma pessoa que viva aproximadamente 75 anos no Brasil (essa é a expectativa média de vida de um brasileiro) há de deixar por aqui, ao final da existência, mais de 27 toneladas de lixo.[6] Se optar por dar destinação inteligente aos materiais recicláveis, poderá reduzir essa carga de resíduos pela metade. Se descobrir que a matéria orgânica do lixo (restos de frutas, legumes e verduras) também tem utilidade, seja para a produção de energia (biogás), seja para a produção de adubo (composteiras), poderá reduzir seu passivo ambiental a algo próximo de zero e partir para outro mundo mais aliviado e feliz.

É importante lembrar que não há lixo na natureza. Todos os resíduos de origem animal e vegetal são caprichosamente transformados em elementos úteis à sustentação da própria vida. Se a folha seca que cai no chão da floresta vira adubo, ou se os restos mortais de uma gazela devorada por um leão viram banquete para hienas ou abutres (eliminando materiais

---

6. Segundo o Instituto Brasileiro de Geografia e Estatística (IBGE), a expectativa de vida no Brasil em 2022 era de 75,5 anos. Considerando uma geração diária de lixo em torno de 1 kg – número bastante conservador –, o resultado é superior a 27 toneladas de resíduos ao longo de uma existência.

putrefantes que significariam risco para outras espécies), é porque a natureza tem engrenagens sofisticadas de autodepuração.

Chama-se "serviço ambiental" o trabalho invisível realizado pelos ecossistemas – e por inúmeros seres dos reinos animal e vegetal – que sustentam a vida na Terra. Uma floresta produz água, umidade e refresca o planeta. Abelhas, formigas e borboletas fertilizam as plantas por meio da polinização. A fertilidade natural do solo é resultante da ação de vários microrganismos como fungos e bactérias. São inúmeros os exemplos de como a natureza opera em silêncio o equilíbrio dinâmico que suporta, sustenta e protege a vida. Por outro lado, é perturbador que a espécie líder na cadeia evolutiva do planeta seja tão displicente no manejo dos recursos naturais, a ponto de sofrer as consequências da sua cupidez.

"Há que se cuidar do broto para que a vida nos dê flor e fruto", diz a canção eternizada na voz de Milton Nascimento. Menos cobiça e ganância, mais inteligência e bom senso. Na encíclica *Laudato Si*, o papa Francisco considera a crise ambiental uma crise ética, na qual os interesses imediatistas e egoístas, notadamente da parte mais abastada da humanidade, estariam acelerando a destruição dos recursos naturais não renováveis fundamentais à vida.

Prêmio Nobel da Paz, o teólogo e médico alemão Albert Schweitzer considerava ética algo inerente à sustentação da vida em suas múltiplas resoluções: "Ética é a responsabilidade ilimitada por tudo o que existe e vive". Não podemos passar por este mundo sem participar das soluções em favor da vida. Nunca foi tão importante militar em favor dessa causa.

Chama-se "serviço ambiental" o trabalho invisível realizado pelos ecossistemas – e por inúmeros seres dos reinos animal e vegetal – que sustentam a vida na Terra. É perturbador que a espécie líder na cadeia evolutiva do planeta seja tão displicente no manejo dos recursos naturais. Não podemos passar por este mundo sem participar das soluções em favor da vida. Nunca foi tão importante militar em favor dessa causa.

Bomba-relógio

5

Se tiver que discutir, faça-o com serenidade.

Lembre-se de que seu adversário tem os mesmos direitos que você de fazer-se ouvido.

Ouça-o com a mesma atenção que gosta de receber.

Não tumultue a discussão: os direitos dele são iguais aos seus.

E, quem sabe, muitas vezes a razão estará com ele.

Então, discuta com serenidade e conquiste fama de sábio e de homem bem-educado.

— PASTORINO

Carlos Torres Pastorino. *Minutos de sabedoria.* 42. ed. Petrópolis: Vozes, 2016. [mensagem 50]

Não há outra pessoa igual a você no universo. Isso vale para gêmeos, clones, amigos muito próximos e familiares queridos. Somos a "comunidade dos diferentes" e cada um de nós tem um jeito de ser absolutamente único. Assim, as circunstâncias sugerem que a probabilidade de nos envolvermos em discussões não é desprezível. E o pior: boa parte de nós sente prazer em defender – por vezes de forma apaixonada – as próprias ideias. É aí que mora o perigo!

"Dou um boi para não entrar numa briga, mas dou uma boiada para não sair", diz o ditado popular. Com o ego inflado, muitos confundem o adversário no campo das ideias com o inimigo que precisa ser abatido apenas por ter uma opinião diferente.

As estatísticas policiais registram com frequência agressões físicas e até homicídios por desentendimentos entre vizinhos, no trânsito, entre torcedores de futebol e até entre amigos ou familiares. Não raro, a razão da disputa que resultou numa tragédia é algo banal, desimportante.

Certa vez, surpreendi-me com um amigo que relatou o que havia acabado de acontecer com ele no trânsito. Com as mãos trêmulas, ele descreveu em detalhes uma ridícula disputa entre ele e outro motorista pelas ruas do Rio de Janeiro. Meu amigo levou uma "fechada" e buzinou, o outro não gostou, e assim começou a confusão. Pelas janelas dos carros em movimento, um vociferava contra o outro, até que, no sinal vermelho, o outro motorista desceu do carro para tomar satisfação.

Graças a Deus, a coisa não passou de um bate-boca acalorado e ambos desistiram de manter a querela. Mas o que me impressionou, de fato, foi o que esse meu amigo – uma figura pacífica, de voz mansa e muito querido – disse ao final da história: "O que realmente me assustou é que, se eu tivesse um revólver comigo, teria dado um tiro nele".

É preciso desarmar a bomba-relógio que muitos de nós transportamos sem saber, e que nos momentos de invigilância, movidos por uma emoção descontrolada, guiados pelo egoísmo e pelo orgulho, explode, causando estragos irreversíveis.

A questão aqui não é a divergência em si, porque ela faz parte da vida em sociedade. Mesmo as discussões, quando ocorrem, podem resultar em algo positivo se houver civilidade. É perfeitamente possível construir a cultura de paz na comunidade dos diferentes. Mas é preciso buscar esse objetivo, com sinceridade e persistência, todos os dias.

É preciso desarmar a bomba-relógio
que muitos de nós transportamos sem
saber, e que nos momentos de invigilância,
movidos por uma emoção descontrolada,
guiados pelo egoísmo e pelo orgulho, explode,
causando estragos irreversíveis. A questão
aqui não é a divergência em si, porque ela faz
parte da vida em sociedade. É perfeitamente
possível construir a cultura de paz na
comunidade dos diferentes. Mas é preciso
buscar esse objetivo, com sinceridade
e persistência, todos os dias.

Falar com Deus

6

Eleve seu coração em prece!

Mas evite recitar fórmulas lidas ou decoradas.

Que de seu coração partam as palavras espontâneas, como você faz quando conversa com um amigo querido.

Prece não é obrigação que alguém desempenhe para "ver-se livre de um peso".

Ore fervorosamente, mas sentindo as palavras que profere, para que a ligação com as Entidades angélicas seja efetiva e real.

Faça da oração um hábito indispensável à saúde espiritual.

— PASTORINO

Carlos Torres Pastorino. *Minutos de sabedoria.* 42. ed. Petrópolis: Vozes, 2016. [mensagem 29]

Ao completar a formação no seminário e tornar-se padre, Pastorino se qualificou para múltiplas funções sacerdotais dentro da Igreja, como evangelizar, celebrar os sacramentos, ouvir confissões e abençoar os fiéis, entre outras responsabilidades. Depois, ao largar a batina para converter-se ao espiritismo, ele deu sequência a seus estudos no território da espiritualidade, emprestando novos significados aos ensinamentos de Jesus. Em todas essas jornadas de fé, Pastorino aprofundou análises e vivências sobre a oração.

Em todas as religiões ou correntes espiritualistas, a prece é exaltada como o exercício sublime de contato com Deus, ou com as forças superiores que nos assistem e nos protegem. Mas, para que essa comunicação seja bem-sucedida, é preciso elevar a frequência do pensamento, ajustar a sintonia e qualificar o meio pelo qual podemos pedir, louvar ou agradecer. Do contrário, é forçoso dizer, a prece constitui pura perda de tempo e energia.

A tecnologia da prece é eficaz e dá resultado quando nos dispomos a esse exercício de elevação espiritual que precede a oração. "Se eu quiser falar com Deus / Tenho que ficar a sós / Tenho que apagar a luz / Tenho que calar a voz [...]", canta o grande poeta da espiritualidade da MPB, Gilberto Gil. Mas, se as condições exteriores não forem as ideais, ainda assim é possível estabelecer uma linda e benfazeja conexão, se estivermos internamente possuídos pelo desejo sincero de elevar o pensamento ao Alto.

Certa vez, ouvi de um amigo que ele havia descoberto, no ambiente de trabalho, o melhor lugar para se refugiar em prece nos momentos difíceis: o banheiro da firma! Achei graça, mas não tive como discordar. O lugar pouco importa se percebemos a demanda desse contato e nos sentimos intimamente prontos para essa experiência.

Jesus é taxativo quando recomenda que, antes de elevarmos o pensamento a Deus, reconciliemo-nos com quem tenha algo contra nós. Quem pede perdão a Deus e não perdoa, ou não pede perdão ao próximo, e quem reivindica ajuda do Alto mas permanece insensível ao irmão ainda mais necessitado terá problemas de conexão.

A prece é recurso indispensável na busca pela paz e pela harmonia, no apaziguamento íntimo que empresta lucidez à jornada, no robustecimento da coragem e da determinação de seguir em frente, haja o que houver.

Como diz aquela linda música bastante conhecida nas atividades de evangelização das casas espíritas:

A prece é uma luzinha
Que acendemos em nossa caminhada,
Em prece vou seguindo meu caminho
Sem temer os perigos da estrada

Os problemas, tão difíceis, não se acabam,
Mas a prece me aquece o coração
Vou seguindo, paciente, na esperança:
"Hei de encontrar uma boa solução"

Em todas as religiões ou correntes espiritualistas, a prece é exaltada como o exercício sublime de contato com Deus, ou com as forças superiores que nos assistem e nos protegem. A prece é recurso indispensável na busca pela paz e pela harmonia, no apaziguamento íntimo que empresta lucidez à jornada, no robustecimento da coragem e da determinação de seguir em frente, haja o que houver.

Mestre do seu destino

7

Procure pensar.

Não seja autômato!

Você faz parte da Humanidade, é uma peça importante da Humanidade, e, por menor que seja sua cultura, você tem o dom de raciocinar.

Pense com sua própria cabeça, procure saber donde vem e para onde vai.

Não viva às cegas!

Seja você mesmo!

Só você pode descobrir o caminho que lhe convém.

— PASTORINO

Carlos Torres Pastorino. *Minutos de sabedoria*. 42. ed. Petrópolis: Vozes, 2016. [mensagem 251]

"Eu sou o mestre do meu destino, eu sou o capitão da minha alma", escreveu William Ernest Henley no poema *Invictus*, principal fonte de inspiração para que Nelson Mandela pudesse suportar 27 anos de prisão na África do Sul. Visitei, certa vez, no presídio de Robben Island, a cela minúscula de Mandela e a pedreira onde os detentos era submetidos a trabalhos forçados. Compreendi a importância do poema na vida do futuro presidente, que, ao sair da prisão, pulverizou o regime do *apartheid*. Ele escolheu resistir a uma rotina opressora e desgastante, que lhe custou a saúde, para mudar o destino daquele país.

A vida é feita de escolhas, e nem sempre nos sentimos seguros para tomar decisões importantes. Está na hora de mudar de trabalho? Devo pedir aumento? Casar ou não casar? Qual é a melhor forma de pagar minhas dívidas? Em que médico devo confiar? Com que roupa eu vou? Todo dia nos deparamos com várias decisões que precisam ser tomadas. Há quem não lide bem com essa situação, e que, para se livrar do ônus da escolha, deixa de escolher. Ou escolhe não escolher.

"Ligar o automático" significa evitar ao máximo qualquer tomada de decisão e ir levando, seguindo o fluxo, sem nenhuma interferência pela razão que for. Tão ou mais preocupante que isso é delegar sistematicamente a terceiros o poder decisório sobre assuntos da própria existência. Nada contra ouvir pessoas em que confiamos antes de tomar uma decisão, mas a questão aqui é outra: quais são os impactos de uma vida em que renunciamos ao livre-arbítrio?

Não é possível evoluir sem que possamos degustar uma decisão acertada ou nos frustrarmos com as consequências de uma escolha infeliz. Tudo é experiência, tudo tem valor, tudo conta na preciosa aquisição de conhecimento e sabedoria. Nesse contexto, acertar e errar são contingências da vida. O importante é escolher.

A educação de excelência é aquela que prepara as crianças para serem adultos responsáveis e éticos, aptos a realizar suas próprias escolhas, compreendendo as circunstâncias que envolvem cada decisão no exercício sublime do livre-arbítrio.

Na cosmovisão espírita, a marcha evolutiva consumiu milênios de rodagem por todos os reinos da natureza até que pudéssemos nos libertar da prevalência do instinto. Chegou a hora de escolhermos para onde vamos e sermos os mestres dos nossos destinos, os capitães das nossas almas.

A vida é feita de escolhas, e nem sempre nos sentimos seguros para tomar decisões importantes. Não é possível evoluir sem que possamos degustar uma decisão acertada ou nos frustrarmos com as consequências de uma escolha infeliz. Acertar e errar são contingências da vida. O importante é escolher. Chegou a hora de escolhermos para onde vamos e sermos os mestres dos nossos destinos, os capitães das nossas almas.

Extremismos

8

Não se deixe levar pelo extremismo.

Nem exagere para mais nem para menos.

Saiba permanecer no meio-termo.

Se correr demais, cansará.

Se ficar muito parado, acabará consumindo o terreno debaixo dos próprios pés e, dentro de pouco, estará pisando numa cova.

Não pare, mas também não queira correr demais.

Caminhe firme e com segurança, sem pressa, mas não se detenha jamais na senda do progresso.

— PASTORINO

Carlos Torres Pastorino. *Minutos de sabedoria.* 42. ed. Petrópolis: Vozes, 2016. [mensagem 182]

"Não se deixe levar pelo extremismo", recomenda o professor Pastorino. Embora o sentido da mensagem original seja o de estimular em nós o equilíbrio e a ponderação em diferentes circunstâncias da vida, é importante lembrar como a exacerbação do radicalismo se tornou uma preocupação mundial nos dias de hoje. Estigmatizar o outro por ele ser diferente tem justificado o cometimento de inúmeras violências em vários países, inclusive no Brasil.

O extremismo é um câncer que irradia ondas de intolerância e preconceito, solapando o respeito pelas opiniões divergentes, asfixiando o diálogo e oprimindo outras formas de pensar, de sentir e de existir. Regimes totalitários flertam com a ideia do pensamento único e ameaçam quem represente risco para esse projeto. O radicalismo é o egoísmo disfarçado de solução, envenenando as relações interpessoais sem qualquer compromisso verdadeiro com a cultura de paz. Como diz a música do Rappa, "[...] paz sem voz / Não é paz é medo".

Se posições extremistas ou radicais não são defensáveis pelos altos custos pessoais e sociais que produzem, pode-se dizer o mesmo de quem opta pela inação no sentido mais amplo do termo. Ser indiferente ou manifestar desprezo pelo que vai à volta é manifestação de egoísmo.

Ninguém deveria ter medo ou vergonha de ser o que é, e de ser feliz assim. "A beleza do jardim de Deus está na diversidade das flores", diz a frase de autor desconhecido. Somos a comunidade dos diferentes e não há solução para o projeto humano sem que nos entendamos por aqui.

O fato é que somos seres sociais, interdependentes, e precisamos uns dos outros para construir um mundo melhor e mais justo. Essa disponibilidade para participar de algo maior, de forma altruísta e generosa, transforma a realidade do indivíduo e do meio em que ele está inserido.

Esse sentido mais ético da existência foi maravilhosamente resumido numa frase pelo escritor e intelectual potiguar Câmara Cascudo: "Eu sou uma célula, uma pequenina célula que procura ser útil na fidelidade da função".

Como profissional ou voluntário, consumidor ou eleitor, contribuinte ou cidadão, todos dispomos de múltiplas oportunidades de servir. Sem imposições ou exigências, mas inspirando a partir do exemplo que arrebata.

O extremismo é um câncer que irradia ondas de intolerância e preconceito, solapando o respeito pelas opiniões divergentes, asfixiando o diálogo e oprimindo outras formas de pensar, de sentir e de existir. O radicalismo é o egoísmo disfarçado de solução, envenenando as relações interpessoais sem qualquer compromisso verdadeiro com a cultura de paz. O fato é que somos seres sociais, interdependentes, e precisamos uns dos outros para construir um mundo melhor e mais justo.

Pare e pense

9

Não repita apressadamente aquilo que ouve.

Informe-se primeiro da verdade.

Se for mentira, procure desmentir.

Se for verdade, mesmo assim não o repita.

Se não puder chegar à evidência, cale.

A caridade consiste em saber calar os defeitos alheios, como você gosta que façam com os seus.

Seja prudente: o silêncio é de ouro quando se cala o erro do próximo.

— PASTORINO

Carlos Torres Pastorino. *Minutos de sabedoria*. 42. ed. Petrópolis: Vozes, 2016. [mensagem 170]

É impossível dimensionar o tamanho dos estragos causados pela produção em massa de informações falsas que se espalham rapidamente pela internet. Somos contemporâneos do advento das *fake news*, mentiras deliberadamente forjadas e espalhadas nas redes com o objetivo de destruir reputações, alimentar campanhas difamatórias, arruinar projetos políticos ou empresariais, entre outros movimentos que passaram a ser considerados crimes em vários países.

Não raro, algumas das principais vítimas desses ataques virtuais ou cancelamentos motivados por *fake news* sucumbem à depressão ou flertam com a ideação suicida.

A inteligência artificial (IA) sofisticou as engrenagens criminosas que falseiam a realidade, desafiando governos e sociedades a buscarem as melhores formas de regulação e fiscalização dos conteúdos no universo digital. É uma luta difícil, mas absolutamente urgente e necessária.

Quantos desastres seriam evitados se cada um de nós se desse ao trabalho de checar a fonte das informações que nos chegam, e, ainda que confirmada a veracidade da informação em questão, a conveniência de divulgá-la. Trata-se de um pequeno gesto, aparentemente insignificante e solitário, que pode evitar grandes problemas.

Não importa o número de seguidores que se tenha ou a desimportância que alguém se atribua no espalhamento de imagens ou textos que possam ser considerados potencialmente lesivos. Somos todos elos de uma gigantesca cadeia interligada de informações que podem viralizar num átimo. Se você participa disso, responderá por isso. Se não pela lei dos homens, pela lei de Deus.

Quantos desastres seriam evitados se cada um de nós se desse ao trabalho de checar a fonte das informações que nos chegam, e, ainda que confirmada a veracidade da informação em questão, a conveniência de divulgá-la. Somos todos elos de uma gigantesca cadeia interligada de informações que podem viralizar num átimo. Se você participa disso, responderá por isso. Se não pela lei dos homens, pela lei de Deus.

Liberdade religiosa

Acate com respeito todas as religiões.
 Cada homem tem o direito de escolher o caminho que prefere. Respeite a liberdade de crença dos outros tanto quanto aprecia que respeitem a sua.
 Não discuta nem procure tirar ninguém do caminho em que se acha, a não ser que seja procurado para isso.
 Respeite para ser respeitado.
— PASTORINO

Carlos Torres Pastorino. *Minutos de sabedoria*. 42. ed. Petrópolis: Vozes, 2016. [mensagem 32]

Uma das mais importantes conquistas civilizatórias da humanidade foi a separação do Estado de uma religião específica, ou seja, a não vinculação do poder público a uma determinada corrente de fé. A mistura de fé com política deixou um legado de perseguições sangrentas, o fomento ao ódio e a intolerância aos que professam a crença em outros deuses ou tradições. Embora isso ainda ocorra em alguns países do mundo, houve avanços importantes que precisam ser enaltecidos em favor da paz social e dos direitos individuais.

O artigo 18 da *Declaração Universal dos Direitos Humanos* (1948) determina que

> todo ser humano tem direito à liberdade de pensamento, consciência e religião; esse direito inclui a liberdade de mudar de religião ou crença e a liberdade de manifestar essa religião ou crença pelo ensino, pela prática, pelo culto em público ou em particular.

No Brasil, o catolicismo deixou de ser a religião oficial em 1889, quando foi proclamada a República. A atual Constituição Federal, promulgada em 1988, estabeleceu a condição de Estado aconfessional, ou seja, sem vinculação formal a nenhuma religião. O artigo 5º, inciso VI, da Carta Magna estabelece, nos seguintes termos, o direito à liberdade de consciência e de crença em nosso país:

[...] é inviolável a liberdade de consciência e de crença, sendo assegurado o livre exercício dos cultos religiosos e garantida, na forma da lei, a proteção aos locais de culto e suas liturgias [...]

Ainda assim, testemunhamos no Brasil – país de maioria cristã – o cometimento de crimes contra esses direitos, notadamente (mas não somente) voltados a seguidores das religiões de matriz africana. Os ataques contra umbandistas e candomblecistas, seus terreiros e seus objetos de culto afrontam a lei e, principalmente, os preceitos morais do Cristo.

O antissemitismo, a islamofobia, o preconceito generalizado contra os evangélicos e a estigmatização dos ateus são apenas alguns exemplos de como a ignorância ainda pauta posicionamentos deploráveis e dolorosos.

Se o Brasil não é uma teocracia (sistema em que o poder político se fundamenta no poder religioso) e se temos uma diversidade religiosa em que a "infidelidade" casual é uma marca da nossa cultura (católicos que se consultam com pais de santo, espíritas que gostam de frequentar missas, evangélicos que se vestem de branco no Ano Novo, judeus que desenvolvem a mediunidade etc.), este seria um lugar do planeta em que as perseguições religiosas não deveriam fazer o menor sentido. E não fazem mesmo!

As guerras mais sangrentas da história foram motivadas pela fé, contra "hereges" e "infiéis". Esse tempo passou. Que possamos todos manter uma postura vigilante em favor da liberdade religiosa, pautada pelo respeito a toda e qualquer corrente de fé.

A mistura de fé com política deixou um legado de perseguições sangrentas, o fomento ao ódio e a intolerância aos que professam a crença em outros deuses ou tradições. As guerras mais sangrentas da história foram motivadas pela fé, contra "hereges" e "infiéis". Esse tempo passou. Que possamos todos manter uma postura vigilante em favor da liberdade religiosa, pautada pelo respeito a toda e qualquer corrente de fé.

Recomeçar sempre

Não desanime!
Aprenda a começar e a recomeçar.
Não se deixe arrastar pela indiferença: se caiu, levante-se e recomece.
Se errou, erga-se e recomece.
Se não consegue dominar-se, firme sua vontade e recomece.
Não desanime jamais!
Talvez chegue ao fim da luta cheio de cicatrizes, mas estas se transformarão em luzes diante do Pai Todo-Compassivo.
— PASTORINO

Carlos Torres Pastorino. *Minutos de sabedoria*. 42. ed. Petrópolis: Vozes, 2016. [mensagem 113]

Perdi a conta de quantas vezes defendi publicamente, nas *lives* do *Papo das 9*, a preciosa ajuda de um psicólogo em qualquer circunstância da vida. Fiz isso baseado na minha própria experiência, como usuário do serviço prestado por esse profissional, mas também pela convicção de que o recurso da terapia vai muito além do socorro pontual em momentos de crise.

É um privilégio viver num tempo em que a saúde mental vai deixando de ser um tabu para ocupar um lugar de destaque na vida de quem prioriza a busca por qualidade de vida. Psicólogos bem formados e sinceramente comprometidos com o uso ético das ferramentas que lhe foram confiadas realizam trabalhos incríveis de resgate da autoestima e da coragem de ser quem se é.

"Os indivíduos, psicologicamente adormecidos, são ainda fisiológicos", afirma o Espírito Joanna de Ângelis, num dos livros da série psicológica psicografada por Divaldo Pereira Franco.

> Despertar significa identificar novos recursos ao alcance, descobrir valores expressivos que estão desperdiçados, propor-se significados novos para a vida ainda não percebidos.[7]

---

7. Joanna de Ângelis [Espírito], Divaldo P. Franco. *O ser consciente*. Salvador: Leal, 1993. [cap. 37, p. 144]

Para os espíritas, que são reencarnacionistas, o espírito imortal tem uma identidade única que atravessa os tempos. Mas, em cada reencarnação na Terra, experimentamos diferentes personalidades, inseridos em diversas culturas, exercendo diferentes papéis em corpos distintos, com diferentes níveis de renda, escolaridade, credos e até gêneros. Essa diversidade é pedagógica porque nos aproxima, no nível mais profundo, de diferentes realidades do ser humano na sua complexidade e na sua inteireza.

Lenta e progressivamente, acumulamos experiências que podem impactar de forma profunda o nosso psiquismo espiritual. Hoje, seríamos a soma de todas essas experiências, e nem sempre é possível dar conta de todas elas de forma satisfatória. Mesmo sem acessar as memórias de existências anteriores – para muitos especialistas, a Terapia de Vidas Passadas é indicada apenas para casos especialíssimos, pelos riscos de não estarmos devidamente preparados para acessar essas informações –, importa cuidar com muita atenção da nossa saúde psíquica e emocional.

Vale quem somos hoje. Vale o que sentimos e pensamos hoje. E se dermos conta apenas disso, já terá sido muita coisa.

Para os espíritas, que são reencarnacionistas, o espírito imortal tem uma identidade única que atravessa os tempos. Mesmo sem acessar as memórias de existências anteriores, importa cuidar com muita atenção da nossa saúde psíquica e emocional. Vale quem somos hoje. Vale o que sentimos e pensamos hoje. E se dermos conta apenas disso, já terá sido muita coisa.

A força do pensamento

Nossa mente é um aparelho de rádio que transmite nossos pensamentos e recebe os alheios.

Mas só receberemos os pensamentos que quisermos.

Depende de nós fixarmos nossa mente numa faixa elevada de vibrações de bondade e amor para que só sejamos atingidos por pensamentos idênticos.

Dessa maneira, nenhum pensamento de maldade e de enfermidade nos poderá atingir.

— PASTORINO

Carlos Torres Pastorino. *Minutos de sabedoria.* 42. ed. Petrópolis: Vozes, 2016. [mensagem 209]

A maioria dos leitores de *Minutos de sabedoria* provavelmente ignora que o autor, Carlos Torres Pastorino, escreveu outros livros memoráveis, entre os quais *Técnica da mediunidade*. Nessa obra, o professor se utiliza dos conhecimentos básicos da física, da anatomia, da eletricidade, do magnetismo e da biologia para explicar de forma bem didática os diferentes mecanismos associados à mediunidade.

Entremear os conteúdos pedagógicos dessas disciplinas aos ensinamentos de Jesus – e à cosmovisão espírita – é o desafio surpreendente proposto pelo autor, que faz lembrar, em certa medida, a ousadia do físico austríaco Fritjof Capra ao lançar *O Tao da física*, relacionando o misticismo oriental à física moderna.[8] Entendo que, em ambos os casos, Pastorino e Capra foram bem-sucedidos nos propósitos que abraçaram.

Algo recorrente nessa obra de Pastorino é o entendimento da importância de uma boa sintonia, tanto para o sucesso dos trabalhos mediúnicos quanto para a nossa qualidade de vida.

---

8. Fritjof Capra. *O Tao da física*. 28. ed. São Paulo: Cultrix, 2011.

O que eleva a frequência vibratória do pensamento [...] é o amor desinteressado; abaixa as vibrações tudo o que seja contrário ao amor: raiva, ressentimento, mágoa, tristeza, indiferença, egoísmo, vaidade, enfim qualquer coisa que exprima separação e isolamento.[9]

A prece pode ser um recurso excepcional para a elevação da nossa frequência, mas é preciso atentar para o risco de a oração não surtir o efeito desejado. Jesus alertou no *Evangelho* que

se estiveres apresentando tua oferta no altar, e aí lembrardes de que teu irmão tem alguma coisa contra ti, deixa ali tua oferta diante do altar e vai primeiro reconciliar-te com teu irmão, e depois vem apresentar a tua oferta. [*Mt* 5:23-24]

Sobre essa passagem, é Pastorino, no livro citado, quem diz:

---

9. Carlos Torres Pastorino. *Técnica da mediunidade*. 2. ed. Rio de Janeiro: Sabedoria, 1973. [p. 13]

A prece não pode, científica e matematicamente, atingir os planos que desejamos, porque estamos "dessintonizados" [...] Da mesma forma que um rádio só de "ondas curtas" não pode captar os sinais das "ondas longas", e vice-versa.[10]

É interessante quando as ferramentas da ciência podem ser utilizadas para esclarecer os mecanismos da fé, elevando o entendimento sobre os assuntos espirituais. Sempre que isso acontece, há menos espaço para a mistificação e a superstição. Do ponto de vista espírita, por exemplo, a palavra "sobrenatural" não faz nenhum sentido, porque a natureza é uma só, e aquilo que hoje não é compreensível ou explicável, um dia será. Pela mesma lógica, os milagres atribuídos a Jesus seriam, na verdade, a capacidade que um Espírito perfeito tem de manipular fluidos, realizar curas e perceber com sensibilidade incomum tudo o que vai à volta, e além. Que a nossa disposição em alargar o estoque de conhecimento na direção do transcendente permaneça sempre firme e resoluta.

---

10. Carlos Torres Pastorino. *Técnica da mediunidade*. 2. ed. Rio de Janeiro: Sabedoria, 1973. [p. 16]

É importante uma boa sintonia, tanto para o sucesso dos trabalhos mediúnicos quanto para a nossa qualidade de vida. As ferramentas da ciência podem ser utilizadas para esclarecer os mecanismos da fé, elevando o entendimento sobre os assuntos espirituais. Sempre que isso acontece, há menos espaço para a mistificação e a superstição. Que a nossa disposição em alargar o estoque de conhecimento na direção do transcendente permaneça sempre firme e resoluta.

Desacelerar

13

Aprenda a repousar sua mente.

A mente cansada não pode pensar direito.

Repouse a mente, fazendo o exercício da Higiene Mental, para conquistar cada vez maior energia e vigor.

O cérebro cansado turva o pensamento.

E o pensamento é a maior força criadora que existe sobre a terra. Repouse o cérebro para pensar com acerto e alegria.
— PASTORINO

Carlos Torres Pastorino. *Minutos de sabedoria*. 42. ed. Petrópolis: Vozes, 2016. [mensagem 11]

Descrita pela primeira vez em 1974 pelo psicólogo norte-americano Herbert Freudenberger, a síndrome de *burnout* (ou síndrome do esgotamento profissional) é algo tragicamente recorrente em ambientes de trabalho em que a exaustão e o estresse precipitam vários sintomas desconfortáveis como insônia, inapetência, dores musculares e pressão alta, e que podem resultar em quadros clínicos bem mais graves.

A pressão por maior produtividade, o exacerbamento da competitividade e a ideia de "sucesso" associada à acumulação desenfreada de bens, entre outros fatores, ajudam a entender o aumento do número de casos de *burnout*. Nem o avanço tecnológico sem precedentes alcançado pela humanidade nas últimas décadas nos livrou do risco dessa fadiga extrema. Na verdade, em boa parte dos casos, as novas ferramentas tecnológicas elevaram a carga de trabalho em muitas categorias profissionais. Mesmo as tecnologias que prometem lazer e entretenimento, quando usadas em excesso, terminam por minar a saúde mental.

O fato é que a natureza humana impõe limites que precisam ser respeitados. No *Velho testamento*, quando se diz que Deus criou o mundo em seis dias e descansou no sétimo, numerosas correntes de teólogos convergem na interpretação de que o sentido espiritual dessa passagem da *Gênese* é a necessidade da pausa, do descanso, do silêncio, da inação.

No texto "Os domingos precisam de feriados", o rabino Nilton Bonder lembra que "onde não há pausa a vida lentamente se extingue" e que "a incapacidade de parar é uma forma de depressão".

Vivemos num mundo onde o verbo "desacelerar" passou a ser uma meta importante na vida de quem percebeu que menos é mais. Não por acaso, práticas como ioga e meditação vêm encontrando cada vez mais adeptos no Ocidente. Conhecida há milênios no Oriente, a meditação só passou a ser compreendida – e respaldada inclusive por profissionais de saúde – como algo realmente importante do lado de cá do mundo há relativamente pouco tempo. Esvaziar a mente, reduzir o fluxo de pensamentos, desligar os sensores que nos conectam com o lado exterior, nos deixar levar pela respiração... São muitas as técnicas de meditação e todas elas nos conduzem na direção de um silêncio apaziguador. A meta é perder-se no vazio, para então encontrar a força que faltava dentro de si.

Uma mente serena e equilibrada é uma força do universo. E esse poder está ao nosso alcance.

Vivemos num mundo onde o verbo "desacelerar" passou a ser uma meta importante na vida de quem percebeu que menos é mais. Não por acaso, práticas como ioga e meditação vêm encontrando cada vez mais adeptos no Ocidente. São muitas as técnicas de meditação e todas elas nos conduzem na direção de um silêncio apaziguador. Uma mente serena e equilibrada é uma força do universo. E esse poder está ao nosso alcance.

Deus não joga dados

Mantenha em sua vida uma unidade de plano para conseguir seus objetivos.
Veja um colar de pérolas: estão todas presas por um fio.
Se este arrebentar, as pérolas se espalham.
O que é o fio para o colar de pérolas é a unidade de plano em nossa vida.
Não deixe que as pérolas de suas ações se percam por lhes faltar o fio que lhes mantém a unidade.
— PASTORINO

Carlos Torres Pastorino. *Minutos de sabedoria*. 42. ed. Petrópolis: Vozes, 2016. [mensagem 248]

A vida não é obra do acaso, um acidente de percurso, algo desprovido de um sentido mais profundo que nos alcança e nos conecta com tudo o que vai à volta. "Deus não joga dados", escreveu Albert Einstein, no entendimento de que há uma ordem universal subjacente a uma força superior.

No livro *A teia da vida*, o físico Fritjof Capra afirma que a visão religiosa de uma totalidade integrada se aproxima da descrição que muitos cientistas fazem do universo como um conjunto de fenômenos interligados, interdependentes, e que interagem o tempo todo.[11]

Criador da teoria da sincronicidade, o psiquiatra e psicoterapeuta suíço Carl G. Jung entendia que aquilo que convencionamos chamar de "coincidência" é, na verdade, resultado de uma experiência que conecta pessoas, lugares ou situações, indicando que há ali um significado importante. Estar no lugar certo, na hora certa, lembrar de uma pessoa e subitamente encontrá-la são exemplos dessa suposta força do universo atuando para que as pecinhas do tabuleiro sejam devidamente encaixadas.

Afirma o escritor francês Théophile Gautier: "O acaso é, talvez, o pseudônimo que Deus usa quando não quer assinar suas obras." Os espíritas dizem objetivamente que "o acaso não existe". Essa reflexão reforça a ideia de que a vida apresenta uma "unidade

---

11. Fritjof Capra. *A teia da vida*. São Paulo: Cultrix, 1997.

de plano", expressão usada por Pastorino nessa mensagem. Para nós, cada reencarnação é precedida de um amplo planejamento que compreende a escolha dos nossos pais (que definirão nosso código genético), nosso corpo físico, maior ou menor vulnerabilidade a doenças, os recursos afetivos e materiais disponíveis, e quais aprendizados no campo pessoal e profissional serão mais importantes na atual existência. Aqueles que serão nossos familiares, amigos e colegas de trabalho poderão eventualmente ser velhos conhecidos de outras existências, e buscam, como nós, o aprimoramento ético e moral.

Mas não somos fantoches do destino. Cabe a nós, por meio do livre-arbítrio, realizar no teatro da vida as escolhas que nos pareçam as mais acertadas. Somos os protagonistas das nossas histórias e ter consciência desse processo nos ajuda a perceber o quanto a vida é preciosa. Importa estar atento aos sinais, às pistas que cada momento da existência pode nos trazer em situações inusitadas, encontros inesperados, e tudo o que puder nos ajudar a seguir em frente.

Não somos fantoches do destino. Cabe a nós, por meio do livre-arbítrio, realizar no teatro da vida as escolhas que nos pareçam as mais acertadas. Somos os protagonistas das nossas histórias e ter consciência desse processo nos ajuda a perceber o quanto a vida é preciosa. Importa estar atento aos sinais, às pistas que cada momento da existência pode nos trazer em situações inusitadas, encontros inesperados, e tudo o que puder nos ajudar a seguir em frente.

Prevenindo o suicídio

Não se deixe abater pelo desânimo!
Não queira, jamais, abandonar a vida, porque isto nada resolve e agravará ainda mais seus sofrimentos.
Se você pensa que fugindo se sentirá aliviado, engana-se redondamente!
Não se vingue dos outros fazendo mal a si mesmo!
Reaja com todas as suas forças e não se deixe esmagar pela incompreensão alheia.
— **PASTORINO**

Carlos Torres Pastorino. *Minutos de sabedoria*. 42. ed. Petrópolis: Vozes, 2016. [mensagem 60]

As principais religiões e filosofias espiritualistas do mundo, apesar das muitas divergências entre si, convergem no entendimento de que o autoextermínio é um equívoco. E, entre todas essas correntes de fé, a mais reveladora sobre a realidade do suicida no mundo espiritual é a doutrina espírita, da qual Pastorino era seguidor. Sem entrar em detalhes sobre o assunto, apenas advertindo que o suicídio não há de resolver os problemas que o motivam, o autor encerra a mensagem pedindo que as pessoas acometidas pela ideação suicida reajam.

Hoje se sabe que o suicídio é um problema complexo e multifatorial, e que todos os que sofrem a ponto de questionar a própria existência devem procurar ajuda especializada – psicológica e/ou psiquiátrica – para retomar o equilíbrio, a autoestima e a vontade de viver.

Se não temos o poder de eliminar totalmente episódios de dor e sofrimento de nossas existências, importa saber como lidar com eles da melhor maneira possível. No *Papo das 9*, recorri mais de uma vez ao exemplo dos *skatistas*: eles desafiam a gravidade em manobras arrojadas e, invariavelmente – mesmo os mais experientes e talentosos –, se esborracham no chão. Ainda que protegidos por capacetes, luvas, cotoveleiras e outros acessórios, estatelar-se no chão duro não é uma experiência agradável. O fato é que nenhum *skatista* tem a ilusão de evitar 100% das quedas, mas eles se condicionam para levantar-se e seguir em frente toda vez que caem. Essa pode ser uma boa meta existencial: que as nossas quedas sejam sempre passageiras, e que a nossa disposição para levantar e prosseguir nos acompanhe por todo o sempre.

Quando situações de dor e de sofrimento, que nos alcançam a todos indistintamente, parecem minar a nossa resiliência psíquica e emocional, é preciso procurar ajuda profissional. Vivemos num tempo em que a humanidade parece ter despertado para a urgência da saúde mental, e o tabu em torno do próprio sofrimento vai cedendo lugar a outras disposições mais inteligentes e saudáveis.

É importante destacar o exemplo dado por pessoas famosas e bem-sucedidas que, apesar do sucesso em suas respectivas áreas de atuação, perceberam-se de tal maneira fragilizadas que decidiram interromper suas rotinas de trabalho para procurar ajuda. E não se furtaram a dar ampla visibilidade a isso, ajudando a reduzir o tabu em torno do assunto. O padre Fábio de Melo, o surfista Gabriel Medina e a maior ginasta olímpica da história dos Estados Unidos, Simone Biles, são algumas das personalidades que incentivaram muita gente a dar a devida atenção à saúde mental.

Informação pode salvar vidas. Há sempre um jeito de lidar com a dor e seguir em frente. Quem busca esse caminho não se arrepende.

Quando situações de dor e de sofrimento, que nos alcançam a todos indistintamente, parecem minar a nossa resiliência psíquica e emocional, é preciso procurar ajuda profissional. Informação pode salvar vidas. Há sempre um jeito de lidar com a dor e seguir em frente. Quem busca esse caminho não se arrepende.

Há saída

16

Se alguém lhe mostrasse uma semente escura e feia dizendo que dentro dela havia bela e perfumada flor, você acreditaria, porque sabe que da semente nasce a planta que produz a flor.

Pois bem, acredite também que, dentro de você, por mais imperfeito que seja, nascerá, purificada e bela, a sua alma imortal que alcançará a felicidade!

Tenha fé em si mesmo e busque aperfeiçoar-se.

— PASTORINO

Carlos Torres Pastorino. *Minutos de sabedoria.* 42. ed. Petrópolis: Vozes, 2016. [mensagem 260]

Quem poderia dizer que uma menina cega e surda desde os 18 meses de idade se tornaria a primeira pessoa da história, nessa condição, a conquistar um bacharelado (em filosofia) e se consagrar mundialmente como uma das mais conceituadas escritoras, jornalistas e ativistas de seu tempo? A norte-americana Helen Keller rompeu barreiras no início do século XX num mundo dominado pelos homens e no qual as pessoas com deficiência não eram respeitadas ou valorizadas.

São muitos os exemplos (a maioria absoluta ocorre anonimamente) de pessoas que protagonizam jornadas comoventes, superando obstáculos aparentemente intransponíveis, que desafiam o senso comum, e que por isso merecem a nossa mais sincera admiração.

Quem julga pelas aparências costuma se surpreender quando percebe, tardiamente, que não podemos ser definidos por cor de pele, nível de renda ou escolaridade, orientação sexual ou credo. Imersos numa cultura que estigmatiza o diferente, rotulamos apressadamente todos os que nos apareçam pela frente de forma superficial e preconceituosa.

Do ponto de vista espírita, somos todos imperfeitos e estamos aqui justamente para superar, de forma criativa e persistente, as nossas muitas limitações. Esse seria o propósito mais importante da existência, e as dificuldades que nos atrapalham a jornada deveriam ser entendidas como desafios evolutivos.

Cada um de nós tem seu próprio estoque de imperfeições, e ninguém experimenta dificuldades acima da capacidade de lidar com elas. Mesmo em situações extremas, quando aparentemente não há saída – perda de um ente querido, fim de um casamento, uma grave doença, uma demissão inesperada etc. –, as circunstâncias dolorosas e indesejadas permitem o desabrochar de outras habilidades e talentos. "O que não tem solução, solucionado está", diz o ditado popular, que sinaliza, para essas circunstâncias, o exercício da paciência e da tolerância.

Quanto maior o exemplo de superação, como o da notável Helen Keller, maior o constrangimento daqueles que reclamam de tudo, por qualquer motivo, transformando a própria existência num rosário de lamentações que os isolam da realidade que os cerca.

Cada um de nós tem seu próprio estoque de imperfeições, e ninguém experimenta dificuldades acima da capacidade de lidar com elas. Mesmo em situações extremas, quando aparentemente não há saída, as circunstâncias dolorosas e indesejadas permitem o desabrochar de outras habilidades e talentos. "O que não tem solução, solucionado está", diz o ditado popular, que sinaliza, para essas circunstâncias, o exercício da paciência e da tolerância.

No tabuleiro da existência

Seja forte nos embates da vida e não desanime se o sofrimento o visitar, em sua pessoa ou nas pessoas que lhe são caras.
 O sofrimento, além de purificar-nos, realiza o aprimoramento de nossa força interna.
 Ninguém consegue passar de ano sem prestar exame.
 Ninguém consegue progredir sem sofrer o exame da natureza, que verifica se realmente sabemos ser fortes, suportando as dores.
 — PASTORINO

Carlos Torres Pastorino. *Minutos de sabedoria*. 42. ed. Petrópolis: Vozes, 2016. [mensagem 97]

volução é uma palavra-chave no espiritismo. Cada reencarnação na Terra oferece oportunidades para nos graduarmos na escola da vida, avançarmos uma casinha no tabuleiro na existência. São os "exames" citados metaforicamente por Pastorino.

As escolhas feitas por quem busca o caminho espiritual são difíceis, por vezes solitárias, e invariavelmente contrariam interesses daqueles que estão por perto e nos querem bem. São tantos os apelos do mundo para que priorizemos os interesses menores e imediatistas da vida que os investimentos de tempo e energia na direção da reforma íntima, de estudo que promove a transcendência e de exercício do amor desinteressado e altruísta vão ficando em segundo plano.

"Entrai pela porta estreita, porque larga é a porta da perdição e espaçoso é o caminho que a ela conduz, e muitos são os que por ela entram" [*Mt* 7:13], asseverou Jesus há mais de 20 séculos.

Muitos de nós planejamos um maior engajamento nas questões espirituais "quando a aposentadoria chegar", "quando houver um dinheirinho sobrando", "quando a saúde estiver melhor", entre outras situações que idealizamos na suposição de que sempre haverá tempo para quitarmos esse débito com a nossa consciência.

Ocorre que não temos controle do tempo nem de todas as circunstâncias que regem a vida neste plano. O imponderável é um fator mais do que presente na equação da existência. Podemos desencarnar antes desse projeto acontecer, o que, aliás, aparece de forma recorrente nos relatos feitos pelos que já fizeram a passagem e conseguem se comunicar por mensagens mediúnicas.

A cada dia temos novas oportunidades de realizar algo, por menor que seja, que guarde relação com esse caminho espiritual. Se a perfeição não é deste mundo, e se estamos aqui justamente para descobrir as verdades essenciais da existência, convém não ser um juiz implacável de si mesmo e, com serenidade e confiança, dar o passo do tamanho da perna.

> Dispondo, assim, de trezentas e sessenta e cinco ocasiões de aprendizado e recomeço, anualmente, quantas oportunidades de renovação moral encontrará a criatura, no abençoado período de uma existência?[12]

É o que nos lembra o Espírito Emmanuel por meio da psicografia de Chico Xavier. Aproveitar o tempo que ainda temos por aqui para realizar aquilo que for possível parece ser uma boa meta.

---

12. Emmanuel [Espírito], Francisco C. Xavier. *Fonte viva*. 37. ed. Brasília: FEB, 2013. [cap. 56, p. 163]

Cada reencarnação na Terra oferece oportunidades para nos graduarmos na escola da vida, avançarmos uma casinha no tabuleiro na existência. A cada dia temos novas oportunidades de realizar algo, por menor que seja, que guarde relação com o caminho espiritual. Se a perfeição não é deste mundo, convém não ser um juiz implacável de si mesmo e, com serenidade e confiança, dar o passo do tamanho da perna.

A marcha inexorável do tempo

18

A beleza transitória da matéria passa depressa.

Procure sondar a beleza interna das pessoas com quem convive.

Há flores belíssimas e perfumadas que só duram poucas horas.

No entanto, apesar de feias, as pedras duram milênios, realizando suas tarefas.

Não seja, pois, leviano.

Não prefira o efêmero ao eterno, a beleza à sabedoria.

Firme-se no que dura para sempre, que é o espírito imortal, nosso verdadeiro EU, e não no que cedo desaparece.

— PASTORINO

Carlos Torres Pastorino. *Minutos de sabedoria.* 42. ed. Petrópolis: Vozes, 2016. [mensagem 125]

"**J**ovens, se olhem menos no espelho. O grande pânico não são as rugas", disse em entrevista recente a grande atriz Marieta Severo, para quem o maior medo na velhice é perder o interesse em aprender coisas novas e deixar de ser curioso.[13] Preocupações exageradas com a aparência física parecem ser algo importante no Brasil. O país ocupa o segundo lugar no *ranking* mundial de cirurgias plásticas estéticas, com mais de 1 milhão de procedimentos por ano, principalmente lipoaspirações e aumento de mama.

É particularmente preocupante que um número crescente de jovens procure ajustar os contornos do rosto em função das *selfies* registradas no celular, e que cirurgiões aceitem realizar procedimentos do gênero, negligenciando o que parece ser, em boa parte dos casos, um desequilíbrio psicológico causado pela obsessão com a própria imagem.

"Não é sinal de saúde estar bem adaptado a uma sociedade doente", dizia o educador e filósofo indiano Jiddu Krishnamurti. Rejeitar quem se é em favor de padrões exteriores de beleza é uma escolha arriscada que depreda a autoestima e gera infelicidade. Cuidar da aparência não é um problema, muito pelo contrário.

---

13. Disponível em: <https://revistamarieclaire.globo.com/Cultura/noticia/2022/02/marieta-severo-posso-estar-toda-enrugada-mas-quero-meus-neuronios-funcionando.html>. Acesso em: 9 mar. 2024.

A grande questão é quando os cuidados excessivos com o próprio corpo revelam o apego ao que é transitório e a dificuldade de aceitar as consequências da marcha inexorável do tempo.

No livro *Missionários da luz*, o Espírito André Luiz por meio da psicografia de Chico Xavier reporta a escolha de um Espírito de reencarnar em um corpo desprovido de beleza física para evitar a repetição de fracassos acumulados em existências anteriores, em que a boa aparência precipitou múltiplos romances e paixões sem que as oportunidades evolutivas pudessem ocorrer conforme o programado.[14]

É um equívoco tentar driblar a velhice associando a perda da juventude ao fim da beleza. Estamos vivendo mais e melhor, renovando disposições para o trabalho (em versões menos desgastantes e mais criativas) e para o amor. Envelhecer faz parte da vida, e aceitar essa realidade torna a experiência menos tensa e mais prazerosa. Tive a honra de conhecer mestre Hermógenes, introdutor do Hatha Yoga no Brasil, que consagrou boa parte de seu prolífico trabalho em favor da promoção da qualidade de vida na terceira idade. Fazer exercícios, ter uma dieta saudável, experimentar técnicas de meditação, cultivar o hábito de orar,

---

14. André Luiz [Espírito], Francisco C. Xavier. *Missionários da luz*. 45. ed. Brasília: FEB, 2022. [cap. 12, pp. 184 e 185]

exercitar a positividade diante da vida, entre outras vivências, são algumas das recomendações, sempre bem fundamentadas, do querido professor.

Se cada etapa da nossa existência na Terra traz lições importantes para o espírito imortal, importa reconhecer que a idade avançada nos oferece oportunidades valorosas de exercitar a paciência, a maior seletividade no emprego do tempo e da energia, o uso inteligente da experiência acumulada ao longo dos anos, a resignação positiva diante da proximidade da morte física, entre outras possibilidades.

Sejamos sábios no acolhimento dessa lei da natureza. Que o envelhecimento do corpo não constranja a juventude da alma que nos anima e sustenta.

Importa reconhecer que a idade avançada nos oferece oportunidades valorosas de exercitar a paciência, a maior seletividade no emprego do tempo e da energia, o uso inteligente da experiência acumulada ao longo dos anos, a resignação positiva diante da proximidade da morte física. Sejamos sábios no acolhimento dessa lei da natureza. Que o envelhecimento do corpo não constranja a juventude da alma que nos anima e sustenta.

Coragem para amar

O amor é uma doação e não uma exigência.

Quem realmente ama dá tudo e nada pede.

Quem pede e exige da pessoa que diz amar demonstra que verdadeiramente não ama: ao contrário, revela o egoísmo em alto grau.

Amar não é receber, é dar.

Não é pedir, mas proporcionar felicidade desinteressadamente.

O melhor exemplo do amor verdadeiro é o das mães, que sabem amar com renúncia.

— PASTORINO

Carlos Torres Pastorino. *Minutos de sabedoria*. 42. ed. Petrópolis: Vozes, 2016. [mensagem 169]

Fiz uma reportagem, certa vez, dentro da Cracolândia, em São Paulo, e posso dizer que foi uma das experiências mais marcantes da minha vida. Centenas de dependentes químicos amontoados e desgraçadamente reféns de uma droga barata, acessível e perigosa pela rapidez com que vicia; infiltrados na massa maltrapilha, traficantes insensíveis aos estragos causados pelas pedrinhas ilegais que geram lucro e morte.

Pois é nesse ambiente deprimente e sombrio que ocorrem algumas manifestações comoventes do amor mais generoso e sublime. Que o leitor faça sua própria pesquisa e verifique quantas reportagens já foram feitas sobre mães que visitam regularmente seus filhos na Cracolândia para levar comida, roupas limpas e oferecer o carinho possível naquelas circunstâncias; ou, ainda, mães que permanecem ali em jornadas diárias, durante meses ou anos, na esperança de que o filho ou a filha aceite o convite a voltar para casa, tomar um bom banho e dormir numa cama confortável, ou, quem sabe, até se submeter a um tratamento.

Na prática, são mães que abriram mão da própria vida para tentar salvar seus filhos, sem nenhuma garantia de que isso acontecerá. Fazem isso porque amam incondicionalmente, apesar do sofrimento indescritível. Não é de se estranhar, portanto, que o amor de mãe, como afirmam diversas religiões ou filosofias espiritualistas, seja aquele que mais se aproxima do amor de Deus.

Em 92 anos de vida, Chico Xavier dedicou 75 à caridade de forma ininterrupta, em múltiplas tarefas ligadas a mediunidade, distribuição de mensagens, produção de mais de 400 livros e 10 mil cartas psicografadas, além de organização de trabalhos na casa espírita (reuniões públicas, estudo etc.). Era uma rotina atribulada e exaustiva, em que conciliava as ações voluntárias com o trabalho no Ministério da Agricultura, que lhe garantia a modesta subsistência. "Minha vida foi desapropriada pelos Espíritos", disse certa vez, confirmando lealdade e submissão à causa do amor cristão, abdicando de projetos pessoais.

Apesar dos mais de 50 milhões de livros vendidos, desencarnou pobre, mas admirado e respeitado por milhões de brasileiros além das fronteiras do movimento espírita. Seu legado é entendido como uma obra de amor no sentido mais amplo do termo, na acepção que o cristianismo costuma referendar esse sentimento.

Num dos capítulos mais comoventes de seu mandato mediúnico, Chico também se dedicou a escrever cartas ditadas por jovens desencarnados a seus familiares na Terra, especialmente suas mães, inconsoláveis com a perda precoce de seus entes queridos em circunstâncias invariavelmente trágicas.

Essas mensagens consoladoras, além de ajudar a estancar lágrimas de dor, estimulavam uma nova programação de vida, na qual a saudade dolorosa dos filhos dava lugar a um amor altruísta e desinteressado. Do além, esses jovens apontavam um caminho de redenção em que o sentimento de perda era amenizado pela ação contundente em favor dos mais necessitados. Se a dor da perda é inevitável, a substituição da tristeza pela alegria de servir modificou a vida de muita gente.

Em sua obra mais conhecida mundialmente, Antoine de Saint-Exupéry parece ter desvendado em *O pequeno príncipe* o grande mistério por trás daqueles que ensinam o caminho do amor por meio de seus próprios exemplos: "O verdadeiro amor nunca se desgasta. Quanto mais se dá mais se tem".

Que tenhamos a coragem de amar assim.

O legado de Chico Xavier é entendido como uma obra de amor no sentido mais amplo do termo, na acepção que o cristianismo costuma referendar esse sentimento. Antoine de Saint-Exupéry parece ter desvendado o grande mistério por trás daqueles que ensinam o caminho do amor por meio de seus próprios exemplos: "O verdadeiro amor nunca se desgasta. Quanto mais se dá mais se tem". Que tenhamos a coragem de amar assim.

Minimalismo

20

Por que está guardando tantas coisas inúteis?

Para que tanta coisa em seus armários quando seus irmãos estão com os deles vazios?

Distribua tudo aquilo que lhe não está servindo para que sua alma não fique pesada demais quando se afastar da terra.

"O coração do homem está onde está seu tesouro."

Se você juntar muitas coisas inúteis, a elas poderá permanecer preso, sem conseguir alçar voo para as regiões bem-aventuradas.

— PASTORINO

Carlos Torres Pastorino. *Minutos de sabedoria.* 42. ed. Petrópolis: Vozes, 2016. [mensagem 37]

Dois jovens norte-americanos, exauridos por um estilo de vida que prioriza a acumulação de bens e posses na busca pela felicidade, decidiram levar às últimas consequências o sincero propósito de ser feliz com menos no país mais consumista do planeta. Joshua Fields Millburn e Ryan Nicodemus largaram seus empregos, escreveram um livro[15] e resolveram pegar a estrada para divulgar suas ideias em várias cidades dos Estados Unidos. E fizeram sucesso!

Essa história real inspirou *Minimalismo: um documentário sobre as coisas importantes* (disponível no *streaming*). Como ser feliz com menos roupas e morando em casas menores sem se sentir vulnerável aos apelos da publicidade ou à ideia de que "você é o que você tem"? São impressionantes os relatos de quem experimentou isso e não se arrependeu nem um pouco. Trata-se de novos parâmetros que medem paz, felicidade e realização pessoal.

O desapego não deve ser entendido como indiferença ou desprezo, mas como capacidade de dar o justo valor às coisas, entendendo que tudo na vida é passageiro. Se no mundo da matéria tudo se transforma, degrada-se e é perecível, não parece inteligente investir aí o que temos de melhor.

---

15. Joshua Fields Millburn, Ryan Nicodemus. *Minimalism: live a meaningful life*. 2nd ed. Missoula (USA): Asymmetrical Press, 2016.

O jornalista, escritor e produtor Nelson Motta morava sozinho num apartamento em que um dos cômodos era uma biblioteca abarrotada de livros. Certa vez, uma de suas filhas perguntou se era importante guardar todos aqueles livros, e sugeriu que ele os doasse para quem pudesse se beneficiar daquelas leituras. A ideia da filha surpreendeu o pai, que já havia se acostumado com aquele "depósito de livros" doméstico, dando a desculpa de que havia uma relação afetiva com as obras. O argumento não convenceu a filha, e nem ele próprio sustentou a defesa. O fato é que a biblioteca foi desfeita. Na entrevista que ouvi no rádio, Nelson Motta disse que a energia da casa ficou diferente, e que ele estava feliz por descobrir que os livros haviam sido distribuídos entre bibliotecas comunitárias, presídios e outros projetos de estímulo à leitura.

Os estudiosos do *Feng Shui* – técnica milenar que visa à harmonização dos ambientes – dizem que acumular objetos pela casa gera impactos negativos na energia da habitação. Para os espiritualistas, de uma forma geral, e para os espíritas, em particular, o apego à matéria há de determinar um profundo desconforto no momento da desencarnação. Quem prioriza apenas os ganhos materiais na breve passagem pelo planeta não se adapta facilmente à realidade do mundo espiritual.

Se o consumo favorece a vida, o consumismo gera excesso e desperdício. O exercício do desapego é a melhor vacina contra o hiperconsumo. Quem cultiva no dia a dia a simplicidade e a virtude acumula o tesouro que a traça e a ferrugem não corroem. [*Mt* 6:19–20]

O desapego não deve ser entendido como indiferença ou desprezo, mas como capacidade de dar o justo valor às coisas, entendendo que tudo na vida é passageiro. Se o consumo favorece a vida, o consumismo gera excesso e desperdício. O exercício do desapego é a melhor vacina contra o hiperconsumo. Quem cultiva no dia a dia a simplicidade e a virtude acumula o tesouro que a traça e a ferrugem não corroem.

Que planeta é este?

21

Não se queixe do mundo.

O mundo não é mau.

Os homens é que ainda não conseguiram ser bons. Mas da lama imunda nasce a pureza dos lírios.

E também daquilo que nos parece mau e impuro pode surgir a luz mais sublime.

Repare que a luz não se suja, mesmo quando é refletida pelo pântano.

Procure ter apenas pensamentos bons, porque eles não serão maculados nem mesmo quando refletidos em ambientes menos puros.

— PASTORINO

Carlos Torres Pastorino. *Minutos de sabedoria.* 42. ed. Petrópolis: Vozes, 2016. [mensagem 133]

"**N**asceste no lugar que precisavas [...] Moras no melhor lugar que Deus poderia te proporcionar, de acordo com o teu adiantamento", diz o Espírito Hammed por meio da psicografia de Francisco do Espírito Santo Neto, em linda mensagem repleta de informações sobre o sentido de cada reencarnação e sobre como cada detalhe envolvendo nossa jornada terrestre é plena de significado.[16]

É recorrente a queixa daqueles que, em sofrimento profundo, culpam o mundo por tudo e estranham o fato de estarem aqui. "Deus errou comigo", "Este não é o meu mundo", "Nada aqui tem a ver comigo" são manifestações que costumamos ouvir por aí. Sem faltar com o respeito a quem esteja vivendo uma situação-limite e possa, eventualmente, desabafar nesses termos, a crença compartilhada por boa parte dos espiritualistas (inclusive espíritas) é a de que todos os revezes, os infortúnios, as desgraças, as injustiças e as violências que nos acometem – ou que não nos alcançam diretamente, mas, ainda assim, nos impactam – são compatíveis com o pacote de experiências que precisamos vivenciar.

Como espírita, entendo que o nosso lindo planeta azul oferece três gêneros distintos de hospedagem transitória: a "escola", onde os alunos têm a oportunidade

---

16. Hammed [Espírito], Francisco do Espírito Santo Neto. *Um modo de entender: uma nova forma de viver.* 10. ed. Catanduva: Boa Nova, 2004. [cap. 1, p. 13]

de aprender a ser pessoas melhores, compreendendo o valor das virtudes e a urgência de superar as muitas imperfeições; o "hospital", onde problemas de saúde depuram o espírito imortal e ensejam a coragem de enfrentar as limitações desafiadoras do corpo físico; e a "penitenciária", onde os recalcitrantes no erro têm a chance de elaborar novos planos para si próprios enquanto durar o doloroso cumprimento da pena.

Em qualquer circunstância da vida na Terra, a dor e o sofrimento devem ser entendidos como poderosas ferramentas de transformação da criatura, obrigando-a a movimentar-se na busca por soluções.

É fácil culpar o mundo por tudo o que nos aconteça de errado. Difícil é descobrir o sentido da vida, as razões pelas quais estamos aqui e por que ainda experimentamos tanto sofrimento. As questões essenciais da existência, que inspiram diferentes correntes filosóficas e religiosas, descortinam horizontes de investigação que podem trazer respostas importantes.

Se a vida tem um propósito e se apenas na Via Láctea existem pelo menos 17 bilhões de planetas parecidos com a Terra – segundo os astrofísicos da Universidade de Harvard –, como viemos parar justamente aqui? Os espíritas gostam de dizer que o acaso não existe. Estamos aqui porque esta é a nossa casa no universo. Cuide bem dela e de você.

O nosso lindo planeta azul oferece três gêneros distintos de hospedagem transitória: a "escola", onde os alunos têm a oportunidade de aprender a ser pessoas melhores; o "hospital", onde problemas de saúde depuram o espírito imortal e ensejam a coragem de enfrentar as limitações desafiadoras do corpo físico; e a "penitenciária", onde os recalcitrantes no erro têm a chance de elaborar novos planos para si próprios enquanto durar o doloroso cumprimento da pena.

Tempo certo

Tudo tem sua hora própria.
"O próprio céu tem horário para as trevas e para a luz!"
Aprenda com a natureza!
Se em certas horas precisamos receber, não se esqueça de que, noutras horas, temos obrigação de dar.
Ajude, pois, mas sem querer substituir-se a quem você ajuda.
Cada um precisa caminhar com seus próprios pés para aprender a viver.
Saiba distinguir o momento oportuno de dar e receber.
— PASTORINO

Carlos Torres Pastorino. *Minutos de sabedoria*. 42. ed. Petrópolis: Vozes, 2016. [mensagem 79]

Reconhecer o tempo certo de cada coisa é uma das mais importantes e longevas lições de sabedoria. Está lá no *Velho testamento*, em *Eclesiastes*, que nos ensina que "neste mundo tudo tem a sua hora; cada coisa tem o seu tempo próprio", e que discorre sobre o tempo de nascer e de morrer, de destruir e de construir, de chorar e de rir. Está presente em diferentes culturas antigas, como na Grécia Clássica, onde *kairós* é o termo que já designava o tempo certo de cada coisa acontecer. É uma noção basilar também para diferentes culturas indígenas, que registram a passagem do tempo numa relação mais profunda com a natureza e seus ciclos. Seja qual for a cultura, reconhecer o tempo certo de cada coisa é algo valioso.

Do ponto de vista espírita, o tempo é contado de forma distinta nos diferentes planos da existência, conforme escreveu Allan Kardec em *A gênese*:

> O tempo é apenas uma medida relativa da sucessão das coisas transitórias; a eternidade não é suscetível de medida alguma, do ponto de vista da duração; para ela, não há começo, nem fim: tudo lhe é presente.[17]

---

17. Allan Kardec. *A gênese*. Trad. Guillon Ribeiro. 53. ed. Brasília: FEB, 2013. [cap. VI, item 2]

Ainda vinculados à matéria e sujeitos ao tempo que cada reencarnação nos oferece, importa valorizar as oportunidades que surgem neste plano para nossa evolução ética, moral e intelectual. No livro *Agora é o tempo*, psicografado por Chico Xavier, o Espírito Emmanuel apresenta a obra, lembrando que

> o tempo voa e todos aspiramos encontrar, na menor parcela de tempo, a informação ou o esclarecimento rápidos, que nos amparem nos estreitos pedaços de tempo de que dispomos, de modo, a saber como aproveitar o tempo nas conquistas espirituais que se nos fazem necessárias.[18]

O próprio livro *Minutos de sabedoria* parece ter esse propósito com seus capítulos enxutos feitos sob medida para leitores ávidos de inspiração em poucas linhas.

Uma vida, por mais longa que seja, oferece muito pouco tempo para aprendermos tudo aquilo de que necessitamos. Nesse sentido, os reencarnacionistas dividem o tempo em parcelas de eternidade que se desdobram nos planos material e espiritual, movimentando assim a espiral evolutiva, em que as oportunidades de aprendizagem se renovam indefinidamente.

---

18. Emmanuel [Espírito], Francisco C. Xavier. *Agora é o tempo*. Brasília: FEB, 2021. [pp. 7 e 8]

Essa perspectiva é extremamente consoladora para quem tenha desperdiçado reencarnações inteiras priorizando questões inessenciais e se deslumbrando com a matéria.

Deus não seria soberanamente justo e bom – atributos conferidos à divindade por diversas tradições – se não nos permitisse a reparação dos nossos erros e a renovação das oportunidades para alcançarmos a paz e a felicidade. Em resumo: a ideia das penas eternas conflita com essa visão do Deus Pai assinalada pelo Cristo. Se temos a eternidade pela frente, convém usar com inteligência e discernimento o tempo de que dispomos em cada reencarnação para alcançarmos o objetivo sublime da perfeição.

Reconhecer o tempo certo de cada coisa é uma das mais importantes e longevas lições de sabedoria. Ainda vinculados à matéria e sujeitos ao tempo que cada reencarnação nos oferece, importa valorizar as oportunidades que surgem neste plano para nossa evolução ética, moral e intelectual. Se temos a eternidade pela frente, convém usar com inteligência e discernimento o tempo de que dispomos em cada reencarnação para alcançarmos o objetivo sublime da perfeição.

O segredo de uma vida feliz

Renove sua saúde por meio de afirmações positivas.

Todas as suas células e seus órgãos cumprirão integralmente seus deveres se você não os maltratar com pensamentos negativos de descrença, de medo, de raiva nem de vingança.

Envie pensamentos positivos de saúde a seus órgãos e células e forneça a seu corpo alimentos sadios para não lhe dar demasiado trabalho.

— PASTORINO

Carlos Torres Pastorino. *Minutos de sabedoria*. 42. ed. Petrópolis: Vozes, 2016. [mensagem 70]

Doutor em biologia molecular e monge budista do mosteiro Shechen Tennyi Dargyeling, no Nepal, o francês Matthieu Ricard ficou mundialmente famoso ao ser declarado por pesquisadores da Universidade de Wisconsin, nos Estados Unidos, "o homem mais feliz do mundo". Juntamente com centenas de voluntários, ele foi submetido a uma bateria de ressonâncias magnéticas nucleares que mediram as reações do cérebro a diferentes estímulos positivos (alegria, prazer, felicidade) e negativos (raiva, estresse, aborrecimento).

Matthieu Ricard obteve os melhores resultados ao registrar ampla capacidade de desfrutar dos momentos positivos sem se mostrar tão vulnerável aos estímulos negativos. Ele rejeita o título de "homem mais feliz do mundo" – um arroubo marqueteiro dos responsáveis pela pesquisa – e afirma que o estudo mapeou a maior ativação da área do cérebro relacionada, na verdade, à compaixão. Em várias entrevistas, Matthieu disse que o resultado da pesquisa estaria relacionado à sua prática espiritual e ao hábito de meditar. Para ele, o segredo da felicidade é uma vida com altruísmo e compaixão.

São muitas as pesquisas que confirmam a relação entre saúde e comando mental. A mente é uma tábula rasa, uma "folha de papel em branco", suscetível à programação que cada um de nós faz de forma consciente ou não. Reservar parte do tempo para leituras edificantes, músicas que nos inspiram, pessoas cuja proximidade nos fazem bem e lugares que nos encantam ou trazem lembranças positivas são movimentos tão importantes quanto evitar o consumo de informações tóxicas em diferentes mídias (televisão, rádio, internet, cinema, livro) que possam gerar angústia, ansiedade ou desesperança.

Apontado pelos cristãos como o maior exemplo de ser humano que já passou por este planeta, Jesus ocupava boa parte de seu tempo orando, meditando e praticando o bem. Mesmo na condição de espírito perfeito, não descuidou da autoprogramação mental, robustecendo suas disposições no roteiro messiânico que abraçou.

Não é difícil encontrar entre teólogos e estudiosos do cristianismo aqueles que entendem o *Evangelho* de Jesus como um "tratado de saúde". A observância dos princípios éticos e morais do Cristo teria o poder de gerar ondas progressivas de bem-estar, felicidade e paz interior à medida que exercitássemos o amor desinteressado e altruísta, o perdão sincero, a solidariedade fraternal e outros sentimentos nobres que elevam nossas mentes e nossos corações.

Uma das pedras basilares da doutrina espírita assenta-se na máxima "fora da caridade não há salvação". Por salvação, entenda-se a nossa capacidade de nos transformamos intimamente em pessoas melhores a partir da ação benfazeja na direção do outro.

Ensina o Espírito André Luiz por meio da psicografia de Chico Xavier:

Em matéria de felicidade, convém não esquecer que nos transformamos sempre naquilo que amamos.

Quem se aceita como é, doando de si à vida o melhor que tem, caminha mais facilmente para ser feliz como espera ser.[19]

19. André Luiz [Espírito], Francisco C. Xavier. *Sinal verde*. Brasília: FEB, 2022. [cap. 26, p. 69]

Não é difícil encontrar entre teólogos e estudiosos do cristianismo aqueles que entendem o *Evangelho* de Jesus como um "tratado de saúde". A observância dos princípios éticos e morais do Cristo teria o poder de gerar ondas progressivas de bem-estar, felicidade e paz interior à medida que exercitássemos o amor desinteressado e altruísta, o perdão sincero, a solidariedade fraternal e outros sentimentos nobres que elevam nossas mentes e nossos corações.

O valor da humildade

Procure ser humilde em todas as circunstâncias.
Humildade não é dizer "sim" a tudo e a todos.
Nem é apregoar que somos humildes.
Não é agachar-se mentalmente a tudo que os outros dizem.
Não!
Humildade é saber exatamente o que somos e o que valemos.
É conhecer-nos a nós mesmos, procurando corrigir sinceramente nossos defeitos, e não nos querendo impor aos outros.
Quem é humilde, em geral, não sabe que o é.
Mas quem não é humilde é que pensa que é!
— PASTORINO

Carlos Torres Pastorino. *Minutos de sabedoria.* 42. ed. Petrópolis: Vozes, 2016. [mensagem 271]

A passagem do *Evangelho* em que Jesus se agacha para lavar os pés de seus discípulos é uma das mais contundentes demonstrações de humildade daquele que é considerado pelos cristãos o "Messias" predito pelos profetas hebreus, o "Rei dos Reis", como assinala João no *Apocalipse* [19:16].

Em várias passagens do *Novo testamento*, Jesus afirma-se na condição de servo, de quem não veio ao mundo para ser servido, mas para servir. É importante lembrar que, na época de Jesus, quando a escravidão ainda era a regra prevalente na maioria das culturas espalhadas pelo planeta, essa mensagem soava ainda mais perturbadora. Humildade era sinal de fraqueza e subserviência.

Assevera o Espírito Emmanuel por meio da psicografia de Chico Xavier:

> Humildade não é servidão. É, sobretudo, independência, liberdade interior que nasce das profundezas do espírito, apoiando-lhe a permanente renovação para o bem.[20]

Na literatura espírita, são muitos os registros de sofrimento daqueles que desencarnaram mal-acostumados com a importância que atribuíam a si próprios na Terra, ocupando postos transitórios de poder,

---

20.Emmanuel [Espírito], Francisco C. Xavier. *Pensamento e vida*. 19. ed. Brasília: FEB, 2019. [cap. 24, p. 100]

bajulados por gente interesseira, sem nenhuma contribuição efetiva para o bem-estar dos que estavam à volta. Esses que se descobrem menores do outro lado da vida se surpreendem com a intensa luminosidade emanada por outros desencarnados que nunca se enganaram – nem aos outros – em relação às próprias limitações, e que procuraram dar o melhor de si em benefício da coletividade.

Lamenta "uma Rainha de França" em mensagem publicada no livro *O Evangelho segundo o espiritismo*:

> Que humilhação, quando, em vez de ser recebida aqui qual soberana, vi acima de mim, mas muito acima, homens que eu julgava insignificantes e aos quais desprezava, por não terem sangue nobre! Oh! Como então compreendi a esterilidade das honras e grandezas que com tanta avidez se requestam na Terra![21]

Orgulho é um sentimento amplamente disseminado, compatível com os valores de uma sociedade individualista, egoísta, que exalta o sucesso baseado na acumulação de bens e posses, e que se exime de qualquer responsabilidade pelas desgraças que acometem os outros, de ordem material ou moral.

---

21. Allan Kardec. *O Evangelho segundo o espiritismo*. Trad. Guillon Ribeiro. 131. ed. Brasília: FEB, 2013. [cap. II, item 8]

Primeiro papa da história da Igreja a escolher o nome de Francisco, o "pobrezinho de Assis", o cardeal argentino Jorge Mario Bergoglio honrou em vários momentos de seu pontificado o legado do franciscanismo. Ao abdicar da parte mais suntuosa da indumentária papal (anel de prata em lugar do ouro, cruz e sapatos modestos) e dos aposentos luxuosos reservados ao chefe da Igreja no Vaticano, e ao carregar a própria mala nas viagens (até quando as condições físicas lhe permitiram), entre outros gestos bastante significativos, o papa Francisco procura exemplificar uma das mais importantes lições de Jesus.

"Se alguém quiser ser o primeiro, que seja o último de todos e aquele que serve a todos", disse o Papa, certa vez, durante uma missa na praça São Pedro...

Orgulho é um sentimento amplamente disseminado, compatível com os valores de uma sociedade individualista, egoísta, que exalta o sucesso baseado na acumulação de bens e posses, e que se exime de qualquer responsabilidade pelas desgraças que acometem os outros, de ordem material ou moral. Em várias passagens do *Novo testamento*, Jesus afirma-se na condição de servo, de quem não veio ao mundo para ser servido, mas para servir.

Impulsividade

25

Não perca sua serenidade.

A raiva faz mal à saúde, o rancor estraga o fígado, a mágoa envenena o coração.

Domine suas reações emotivas.

Seja dono de si mesmo.

Não jogue lenha no fogo de seu aborrecimento.

Esqueça e passe adiante para não perder sua serenidade.

Não perca sua calma.

Pense antes de falar e não ceda à sua impulsividade.

— PASTORINO

Carlos Torres Pastorino. *Minutos de sabedoria.* 42. ed. Petrópolis: Vozes, 2016. [mensagem 89]

A impulsividade é considerada um risco para quem responde a certos estímulos sem pensar, "por impulso", bem como para quem esteja por perto num momento de descontrole emocional. Também no âmbito da suicidologia, a impulsividade pode determinar reações explosivas que remetam ao autoextermínio. "Perdi a cabeça" é a forma popular de justificar um ato impensado que pode ter consequências trágicas.

Lembro-me de uma senhora portuguesa que assumiu a função de organizadora da sala de passes numa instituição espírita de Copacabana, onde me iniciei nos estudos do espiritismo. Gabriela foi uma pessoa tão especial na minha vida que eu só a chamava de "vó". Tínhamos longas conversas, trocávamos ideias e confidências, e uma das coisas que mais me fascinavam nela (além do delicioso sotaque lusitano) era a sinceridade com que se expressava em qualquer circunstância. Quem não a conhecia estranhava a forma direta e incisiva com que se comunicava. Gabriela era, por assim dizer, "sincericida".

Pois, certa vez, durante uma conversa dolorosa em que abri meu coração para ela, expondo um problema pessoal, eu disse: "Foi quando eu perdi a paciência e...". Nesse momento, Gabriela me interrompeu subitamente, sem deixar que eu continuasse a frase, para sacramentar: "Não podes perder o que não tens!". Achei graça na hora e, meio desconcertado, continuei a narrativa, já sem o álibi de haver perdido algo que, na verdade – ela estava certa –, não possuo. Lá se vão mais de 30 anos, e a memória dessa conversa com Gabriela continua presente, lembrando-me de uma teimosa imperfeição que remete à tal da impulsividade.

"Sede pacientes. A paciência também é uma caridade", diz a mensagem assinada por um Espírito amigo em *O Evangelho segundo o espiritismo*.[22] Já pensou quantas situações difíceis já experimentamos e que seriam evitadas se não agíssemos de forma tão impulsiva? Quantos casamentos poderiam não ser desfeitos? Com quantos amigos continuaríamos a conviver? Às vezes, a melhor resposta é calar. A melhor forma de reagir a uma provocação é ignorá-la. Cultivar a mente serena é o desafio diário daqueles que buscam saúde e qualidade de vida.

Há sempre uma forma mais inteligente de lidar com as situações difíceis da existência. E ela, inevitavelmente, passa pela paciência, pelo respeito e pela escuta.

---

22. Allan Kardec. *O Evangelho segundo o espiritismo*. Trad. Guillon Ribeiro. 131. ed. Brasília: FEB, 2013. [cap. IX, item 7]

A impulsividade é considerada um risco para quem responde a certos estímulos sem pensar, "por impulso". Já pensou quantas situações difíceis já experimentamos e que seriam evitadas se não agíssemos de forma tão impulsiva? Há sempre uma forma mais inteligente de lidar com as situações difíceis da existência. E ela, inevitavelmente, passa pela paciência, pelo respeito e pela escuta.

Irmãos em evolução

26

Não maltrate os animais!

São também filhos de Deus e irmãos nossos menores, que não adquiriram a faculdade do raciocínio abstrato.

Mas são amigos que precisam de nossa ajuda e carinho. Não lhes imponha trabalhos demais. Alimente-os bem. Trate-os em suas enfermidades.

Faça com essas criaturas de Deus, que dependem de você, o mesmo que você gosta de receber dos Anjos do Bem.

— PASTORINO

Carlos Torres Pastorino. *Minutos de sabedoria.* 42. ed. Petrópolis: Vozes, 2016. [mensagem 36]

Nunca tantos se preocuparam com os direitos dos animais quanto nos dias de hoje. Mas, apesar dos avanços na legislação e da multiplicação do número de defensores dessa causa, a escalada de morte imposta aos animais, pelos mais variados motivos, segue desenfreada em países como o Brasil.

Por aqui, de acordo com o Instituto Brasileiro de Geografia e Estatística (IBGE), em 2023 a produção de "proteína animal" ultrapassou as 30 milhões de toneladas por ano, com destaque para os 5,5 bilhões de frangos abatidos, o que dá uma média de 15 milhões de aves mortas por dia.

Quando o assunto é tráfico de animais silvestres, os números também são impressionantes. Segundo a Rede Nacional de Combate ao Tráfico de Animais Silvestres (Renctas), 38 milhões de animais são retirados por ano das matas brasileiras por criminosos, sendo que as autoridades só conseguem recuperar aproximadamente 60 mil deles.

Nem abordarei aqui, por falta de estimativas confiáveis, a quantidade assombrosa de animais atropelados nas estradas, de animais domésticos abandonados nas ruas ou daqueles que padecem de maus-tratos em testes de laboratório. É possível que em nenhum outro país do mundo a mortandade de animais seja tão elevada quanto no Brasil.

De acordo com a doutrina espírita, a morte de animais só seria justificada no caso da necessidade "[...] de prover ao seu sustento e à sua segurança", sendo que "toda destruição que excede os limites da necessidade é uma violação da Lei de Deus".[23]

Mais de 160 anos depois da codificação da doutrina, são muitas as evidências de que já teríamos condições de suprimir (ou reduzir drasticamente) o consumo de carne, substituindo com inteligência seus nutrientes sem prejuízos para a nossa saúde. Também não haveria motivo algum – se é que já houve antes – para desconsiderarmos a gravidade dos maus-tratos impostos nos processos de criação, transporte e abate dos animais, ou do abuso imposto a essas criaturas em outras atividades que implicam dor e sofrimento.

Em parceria com a Federação Espírita Brasileira (FEB), o Movimento pela Ética Animal Espírita (Move) reuniu 206 referências sobre o assunto em mais de 100 obras espíritas consagradas. Dois livretos (também disponíveis gratuitamente na internet[24]) foram produzidos com mensagens assinadas por Espíritos diversos, como Emmanuel, André Luiz, Irmão X, Amélia Rodrigues, Joanna de Ângelis, Manoel Philomeno

---

23. Allan Kardec. *O livro dos Espíritos*. Trad. Guillon Ribeiro. 93. ed. Brasília: FEB, 2022. [itens 734 e 735]
24. Disponível em: <https://eticaanimalespirita.org>. Acesso em: 9 mar. 2024.

de Miranda, entre outros, e com os pensamentos de Allan Kardec, Léon Denis, Cairbar Schutel etc. Todas as mensagens, sem exceção, defendem valores e princípios éticos que deveriam orientar nossas relações com a natureza de uma forma geral, e com os animais em particular.

"Recebei como obrigação sagrada o dever de amparar os animais na escala progressiva de suas posições variadas no planeta", diz o Espírito Emmanuel por meio da psicografia de Chico Xavier.[25] Não existe, "entre a alma do homem e a do animal, mais que uma diferença de graus, tanto do ponto de vista moral, como do intelectual", afirma Gabriel Delanne.[26] Maior autoridade nesse assunto no movimento espírita brasileiro, a médica veterinária e professora emérita da USP, Irvênia Prada, é autora de livros como *A questão espiritual dos animais*, em que afirma que os animais têm alma, inteligência (em alguns casos até rudimentos de pensamento complexo), capacidade de sofrer e sentir dor, de construir laços profundos de afeto que atravessam as existências, entre outras revelações importantes.[27]

---

25. Emmanuel [Espírito], Francisco C. Xavier. *Emmanuel*. 28. ed. Brasília: FEB, 2020. [cap. 17, p. 113]
26. Gabriel Delanne. *A evolução anímica*. 4. ed. Rio de Janeiro: FEB, 1976. [cap. II, p. 74]
27. Irvênia Prada. *A questão espiritual dos animais*. 12. ed. São Paulo: FE, 2021.

"Animais são seres em evolução, são nossos companheiros de jornada. Merecem ser compreendidos, respeitados e principalmente amados", disse-me certa vez Irvênia numa *live* que fizemos sobre o tema.

Referenciado pela tradição católica como padroeiro dos animais, Francisco de Assis foi o primeiro místico da Igreja a reconhecer a presença do sagrado na natureza. Conversava com os animais e zelava pelo bem-estar deles, no entendimento de que todos eram igualmente criaturas de Deus. Que o legado de Francisco nos inspire e fortaleça na renovação de nossas atitudes em relação a esses seres tão especiais.

"Animais são nossos companheiros de jornada, merecem ser compreendidos, respeitados e principalmente amados", disse-me Irvênia Prada. Referenciado pela tradição católica como padroeiro dos animais, Francisco de Assis conversava com os animais e zelava pelo bem-estar deles, no entendimento de que todos eram igualmente criaturas de Deus. Que o legado de Francisco nos inspire e fortaleça na renovação de nossas atitudes em relação a esses seres tão especiais.

Oportunidades de acertar

Seja o que você deseja ser.
Não dê importância ao que os outros dizem.
Você é filho de Deus e, como tal, tem direito à sua liberdade.
Não desanime diante dos impedimentos e das dores.
Fique certo de que você, unicamente você, terá de dar contas de seus atos...
Portanto, busque dentro de si mesmo a luz divina e seja exatamente o que você deseja ser: subindo sempre.
— **PASTORINO**

Carlos Torres Pastorino. *Minutos de sabedoria*. 42. ed. Petrópolis: Vozes, 2016. [mensagem 278]

A vida parece ser uma combinação de livre-arbítrio com destino. O privilégio de realizar escolhas sem o determinismo do instinto é o que nos distingue dos animais irracionais. Os espíritas consideram a razão uma conquista evolutiva, mas é preciso lembrar que o ato banal de realizar escolhas traz responsabilidades e nem todo mundo se sente confortável com isso. Só há livre-arbítrio quando temos o precioso recurso da consciência, e ela pesa quando fazemos escolhas erradas da mesma forma que reage com leveza quando acertamos. Acertar e errar faz parte do jogo, mas geram efeitos distintos. "Vivendo e aprendendo a jogar / Nem sempre ganhando / Nem sempre perdendo / Mas aprendendo a jogar", diz a música que virou sucesso na voz de Elis Regina.

O destino parece ser exatamente o resultado da soma das existências em que realizamos boas e más escolhas. Escreveu Léon Denis:

Cada uma de tuas vidas é um cadinho fecundo do qual deves sair apto para tarefas, para missões cada vez mais altas, apropriadas às tuas forças e cada uma das quais será tua recompensa e tua alegria.

Assim, com tuas mãos irás, dia a dia, moldando teu destino.[28]

---

28. Léon Denis. *O problema do ser, do destino e da dor.* 32. ed. Brasília: FEB, 2017. [cap. XIX, p. 285]

Para os espíritas, cada retorno ao plano material é precedido de um planejamento que compreende as demandas mais importantes do Espírito naquela reencarnação específica. Somos, portanto, resultado de um projeto. Mas esse é apenas o ponto de partida de uma reencarnação. Para onde vamos ou de que jeito, é assunto de cada um. "Somos nós que fazemos a vida / Como der, ou puder, ou quiser", cantava Gonzaguinha. Numa comparação imprecisa, é como se cada existência nos oferecesse um palco pronto para a nossa atuação. Mas cada um de nós terá liberdade para entrar em cena e atuar da forma que desejar, nem sempre fiel ao roteiro, improvisando quando achar conveniente, realizando escolhas que podem tornar o espetáculo mais ou menos interessante.

Ainda que não tenhamos sabedoria suficiente para distinguir sempre, com a devida precisão, qual é o melhor caminho a seguir, que não nos falte a percepção de que as oportunidades de acertar se renovam constantemente. Como diz o gênio da comédia, Charles Chaplin, nesta frase bastante conhecida atribuída a ele: "Cada segundo é tempo para mudar tudo para sempre". Te desejo as melhores escolhas possíveis!

A vida parece ser uma combinação de livre-arbítrio com destino. O privilégio de realizar escolhas sem o determinismo do instinto é o que nos distingue dos animais irracionais. Ainda que não tenhamos sabedoria suficiente para distinguir sempre, com a devida precisão, qual é o melhor caminho a seguir, que não nos falte a percepção de que as oportunidades de acertar se renovam constantemente. Te desejo as melhores escolhas possíveis!

Ética e poder

28

Não se esqueça de que, qualquer que seja sua posição na vida, há sempre dois níveis a observar: os que estão acima e os que estão abaixo de você.

Procure colocar-se algumas vezes na posição de seus chefes, e outras vezes na posição de seus subordinados.

Assim, você poderá compreender ao vivo os problemas que surgem dos dois lados.

E, desta forma, poderá ajudar melhor a uns e a outros.

— PASTORINO

Carlos Torres Pastorino. *Minutos de sabedoria*. 42. ed. Petrópolis: Vozes, 2016. [mensagem 75]

A hierarquia está presente na natureza e vem sendo estudada em várias espécies. Entre os gorilas e lobos, por exemplo, é comum encontrar um membro considerado dominante sobre todos os demais do grupo, que lhe são submissos. A divisão de tarefas é visível em formigueiros e colmeias, onde as funções sociais estão bem definidas, sendo a rainha a responsável pela reprodução do grupo.

A hierarquia também se faz presente na história humana, cumprindo uma função importante na organização das suas estruturas sociais. Mas ela traz o desafio, para aqueles que ocupam o topo da hierarquia (como o líder, o chefe, o patrão etc.), de manter o senso de justiça, o balizamento das ações pelos mais elevados padrões éticos e morais e o sincero propósito de promover a qualidade de vida do grupo.

O desafio não é pequeno. "Quer conhecer o caráter de uma pessoa? Dê-lhe poder!". A famosa frase, equivocadamente atribuída ao ex-presidente norte-americano Abraham Lincoln,[29] é bastante feliz na abordagem

---

29. A frase original seria do escritor Robert G. Ingersoll, e teria sido proferida num discurso sobre Abraham Lincoln em 16 de janeiro de 1883 nos seguintes termos: "Quase todos os homens conseguem superar a adversidade, mas se quer conhecer o caráter de um homem, dê-lhe poder". (*Fact-checking* do *site* português Polígrafo em parceria com o Facebook.)

de um problema que atravessa os tempos. Exercer a voz de comando sobre outras pessoas pode resvalar na arrogância, na tirania, no despotismo, no desvirtuamento daquilo que se espera de alguém que mereça o poder.

Como seres imperfeitos, ainda cometemos erros tanto na condição de líderes quanto na de liderados. O espiritismo assevera que esses papéis se alternam em diferentes contextos reencarnatórios com o objetivo de lapidar em nós as virtudes inerentes ao exercício de cada função. Essa situação é maravilhosamente descrita nas obras *Há dois mil anos* e *50 anos depois*, quando o Espírito Emmanuel, por meio da psicografia de Francisco Cândido Xavier, relata em primeira pessoa suas vivências como o senador romano Publius Lentulus e, mais tarde, como o escravo Nestório.

Papéis sociais distintos ampliam a gama de experiências evolutivas, no entendimento de que o poder não nos exime do aprendizado da humildade e do respeito ao outro, nem do fato de uma pessoa que está em uma posição hierárquica inferior não ser menor como espírito imortal.

Por último, cabe lembrar a importância de questionarmos estruturas hierárquicas alicerçadas na nossa herança patriarcal, que legitima a primazia do macho em posições de comando e poder. Ainda prevalente no mundo, é essa cultura machista que impede o desenvolvimento do potencial feminino e a plena cidadania das mulheres, tornando-as vítimas das mais variadas violências. "O mundo é hierarquizado quando é dominado pelo homem. E o mundo se estabelece em rede quando a mulher entra em cena", disse, certa vez, em entrevista, a escritora e pesquisadora Rose Marie Muraro.

A hierarquia está presente na história humana, cumprindo uma função importante na organização das suas estruturas sociais. Mas ela traz o desafio, para aqueles que ocupam o topo da hierarquia, de manter o senso de justiça, o balizamento das ações pelos mais elevados padrões éticos e morais e o sincero propósito de promover a qualidade de vida do grupo. Como seres imperfeitos, ainda cometemos erros tanto na condição de líderes quanto na de liderados. O poder não nos exime do aprendizado da humildade e do respeito ao outro.

Aprender a dizer não

Tenha cuidado em não magoar ninguém com suas ações nem com suas palavras.
    Aprenda a dizer o "não" de tal forma que não melindre.
    Não seja ríspido nem demonstre intolerância.
    Compreenda o ponto de vista dos outros, que têm tanto direito quanto você de ter sua opinião própria.
    Use, em todos os seus atos e palavras, de benevolência e gentileza.
    Domine sua irritabilidade!
— **PASTORINO**

Carlos Torres Pastorino. *Minutos de sabedoria*. 42. ed. Petrópolis: Vozes, 2016. [mensagem 114]

Aprender a dizer "não" é uma das habilidades mais importantes do nosso processo de crescimento. É impressionante a quantidade de pessoas que simplesmente não consegue dizer "não", pois temem ser rejeitadas, causar um conflito ou sentir-se mal (por associarem o "não" a um ato de rebeldia) ao contrariarem a expectativa do outro.

Uma das provas de que essa questão se encontra mal resolvida entre nós é a quantidade de livros que já foram escritos (e continuam a ser lançados) com o único propósito de nos encorajar a dizer "não".

Recusar uma proposta de trabalho, um convite para sair, a oferta de uma guloseima que não lhe apetece, entre outras situações do gênero, é algo natural, condizente com o direito de cada um de realizar as próprias escolhas, sem que isso deva ser entendido como desprezo ou ofensa.

O que faz toda a diferença nessas situações é como dizemos "não": escolhendo as palavras certas, sempre com educação, e, se for o caso, dando explicações adicionais sobre a recusa. Ainda que a decepção do outro seja inevitável, esse não é um problema seu.

Um grande teste de equilíbrio para mim sempre foi atender a ligações indesejadas dos serviços de telemarketing. Meu problema não era dizer "não", mas perceber que o não nunca era suficiente. "Mas por que o senhor não quer o que estamos oferecendo?". Cheguei a reagir certas vezes com alguma irritação, até perceber que isso me fazia mal. Descobri que a solução era responder de forma educada, pausada, com a voz suave, mas de um jeito bem assertivo: "Olha, realmente eu não tenho interesse, muito obrigado pela oferta. Agora preciso trabalhar. Tenha um ótimo dia", e desligava, na torcida para que a minha resposta fosse entendida como uma manifestação de respeito.

É compreensível que façamos concessões eventuais, dependendo das circunstâncias, como um gesto de simpatia ou até por caridade. Mas aquele que se anula sistematicamente para atender às vontades dos outros tem muito a perder. Especialistas dizem que a dificuldade de impor limites depreda a autoestima e abre caminho para estados depressivos. É, portanto, uma questão de saúde!

Aprender a dizer "não" é uma das habilidades mais importantes do nosso processo de crescimento. É compreensível que façamos concessões eventuais, dependendo das circunstâncias, como um gesto de simpatia ou até por caridade. Mas aquele que se anula sistematicamente para atender às vontades dos outros tem muito a perder. Especialistas dizem que a dificuldade de impor limites depreda a autoestima e abre caminho para estados depressivos. É, portanto, uma questão de saúde!

A boa semeadura

Procure interessar-se pelas crianças, que são o futuro do mundo. Cuide delas com amor e não com indiferença.

Quantos cárceres estão cheios por falta de carinho nos lares!

Não se esqueça de que o criminoso mais cruel foi um dia uma criança pura e inocente como todas as outras...

Cuide das crianças com desvelo e carinho e terá preparado um futuro feliz para a humanidade.

— PASTORINO

Carlos Torres Pastorino. *Minutos de sabedoria*. 42. ed. Petrópolis: Vozes, 2016. [mensagem 142]

É emblemática a frase do antropólogo e educador Darcy Ribeiro, um entusiasta das escolas públicas em tempo integral no Brasil, quando profetizou, numa conferência em 1982, uma realidade que se vê hoje em vários estados do país: "Se os governadores não construírem escolas, em 20 anos faltará dinheiro para construir presídios".

A dura realidade é que o número de presos não para de subir no Brasil. Em 2023, chegamos a mais de 800 mil detentos (aumento de 257% desde 2000). Se todos esses 832.295 detentos vivessem numa cidade, esta seria a 18ª mais populosa do país.[30]

Apesar das péssimas condições dos presídios, o sistema carcerário brasileiro custa caro. Segundo a Secretaria Nacional de Políticas Penais (Senappen), cada detento custa aproximadamente R$ 1.819 por mês aos cofres públicos, valor 37% maior do que o salário-mínimo em 2023. De acordo com um levantamento da

---

30.Fonte: Lucas Lacerda Nascimento. "Com 832 mil presos, Brasil tem maior população carcerária de sua história". *Folha de S.Paulo*, 20 jul. 2023. Disponível em: <https://www1.folha.uol.com.br/cotidiano/2023/07/brasil-tem-832-mil-presos-populacao-carceraria-e-maior-que-a-de-99-dos-municipios-brasileiros.shtml>. Acesso em: 29 fev. 2024.

Universidade de São Paulo, o custo mensal de cada detento é quase quatro vezes maior que as despesas com um aluno da rede pública de ensino (R$ 470).[31]

Esses valores dão um salto quando se trata dos presídios de segurança máxima. Um levantamento feito pelo Conselho Nacional de Justiça (CNJ) em 2024 indicou que o custo unitário por detento nessas unidades ultrapassa 35 mil reais por mês. Oitenta e dois por cento desse valor é destinado aos salários dos servidores.[32]

---

31. Fontes: Gabrielle Pedro. "Maior que o salário mínimo, custo médio de cada preso no Brasil chega a R$ 1.819 por mês". *R7*, 2 jun. 2023. Disponível em: <https://noticias.r7.com/cidades/maior-que-o-salario-minimo-custo-medio-de-cada-preso-no-brasil-chega-a-r-1819-por-mes-02062023>; Vinícius Botelho. "Brasil gasta quase quatro vezes mais com sistema prisional em comparação com educação básica". *Jornal da USP*, 19 maio 2022. Disponível em: <https://jornal.usp.br/ciencias/brasil-gasta-quase-quatro-vezes-mais-com-sistema-prisional-em-comparacao-com-educacao-basica/>. Acessos em: 29 fev. 2024.

32. Fonte: Léo Arcoverde, Thiago Reis. "Gasto com cada preso em penitenciárias federais ultrapassa os R$ 35 mil". *G1*, 30 nov. 2021. Disponível em: <https://g1.globo.com/sp/sao-paulo/noticia/2021/11/30/gasto-com-cada-preso-em-penitenciarias-federais-ultrapassa-os-r-35-mil.ghtml#>. Acesso em: 29 fev. 2024.

Parece ser consensual o entendimento de que se os investimentos em educação de qualidade pudessem alcançar todos os brasileiros desde a infância, essa realidade seria bem diferente. A universalização do ensino gratuito e de qualidade para todos é um desafio tão urgente quanto a oferta de creches para milhões de brasileirinhos. Um levantamento da Fundação Getúlio Vargas, em 2023, apurou que 2,5 milhões de crianças entre 2 e 3 anos de idade estão fora da creche, especialmente nas regiões Norte e Nordeste.[33]

Além de permitir que os pais ou responsáveis possam trabalhar, elevando a renda familiar, as creches bem estruturadas, com equipes devidamente treinadas, estimulam o desenvolvimento físico e intelectual das crianças, a interação social e o devido preparo para a escola.

Expoente da pedagogia na França do século XIX e discípulo de Pestalozzi, Allan Kardec experimentou desde cedo os efeitos positivos da educação de qualidade. Virou professor e diretor de escola e criticou abertamente o ensino confessional vinculado à Igreja

---

33. Fonte: *Jornal Hoje*. "Cerca de 2,5 milhões de crianças estão fora da creche no Brasil, aponta levantamento". *G1*, 21 jul. 2023. Disponível em: <https://g1.globo.com/jornal-hoje/noticia/2023/07/21/cerca-de-25-milhoes-de-criancas-estao-fora-da-creche-no-brasil-aponta-levantamento.ghtml>. Acesso em: 29 fev. 2024.

na rede pública, mas defendeu o compartilhamento de valores e princípios que dessem às crianças as melhores condições de realizar suas próprias escolhas baseadas na ética e na moral. No Brasil, escolas espíritas que seguem os parâmetros curriculares do Ministério da Educação e respeitam a laicidade do Estado procuram oferecer a todos os seus alunos (não apenas aos espíritas) um ambiente de amor, tolerância e respeito, onde a cultura de paz e o espírito de serviço em favor do próximo estejam presentes.

Há um longo caminho pela frente para que as crianças no Brasil – e na maioria dos países do mundo – recebam o que lhes é de direito. Esses cuidados começam com o planejamento familiar, avançam com os compromissos de pais ou responsáveis por garantir o melhor possível para essas crianças, e culminam com a responsabilidade do Estado, em todas as suas esferas, de assegurar toda a assistência necessária, especialmente nos lares menos favorecidos.

O futuro começa agora. Sementes cultivadas com amor, em um terreno fértil e de condições favoráveis, geram flores deslumbrantes e frutos saborosos. Sejamos bons jardineiros!

Há um longo caminho pela frente para que as crianças recebam o que lhes é de direito. Esses cuidados começam com o planejamento familiar, avançam com os compromissos de pais ou responsáveis por garantir o melhor possível para essas crianças, e culminam com a responsabilidade do Estado, em todas as suas esferas, de assegurar toda a assistência necessária, especialmente nos lares menos favorecidos. O futuro começa agora. Sementes cultivadas com amor, em um terreno fértil e de condições favoráveis, geram flores deslumbrantes e frutos saborosos. Sejamos bons jardineiros!

A hora é agora

31

O minuto que você está vivendo agora é o mais importante da sua vida, onde quer que você esteja.

Preste atenção ao que está fazendo.

O ontem já fugiu das suas mãos.

O amanhã ainda não chegou.

Viva o momento presente, porque dele depende todo o seu futuro.

Procure aproveitar ao máximo o momento que está vivendo, tirando todas as vantagens que puder para o seu aperfeiçoamento.

— PASTORINO

Carlos Torres Pastorino. *Minutos de sabedoria.* 42. ed. Petrópolis: Vozes, 2016. [mensagem 154]

No livro *A arte cavalheiresca do arqueiro zen*, o filósofo alemão Eugen Herrigel narra a experiência transformadora que teve no Japão ao aprender com um mestre do zen[34] a arte de manejar um arco para atirar uma flecha. Professor de filosofia na Universidade de Tohoku, Eugen nunca teve interesse nesse esporte. Seu verdadeiro objetivo era conhecer a milenar filosofia zen e como seria possível estabelecer uma nova compreensão da realidade a partir da sublimação do momento presente, do aqui e agora. Assim, o "tiro com arco" serviria apenas de pretexto para um aprendizado profundo que ultrapassaria a meta de acertar um alvo com uma flecha.

Explica na introdução da obra D.T. Suzuki, autor de livros importantes sobre o assunto:

---

34. Zen: "escola do *budismo* surgida na China do século VI d.C. e levada para o Japão no século XII [...] caracterizada pela busca de um estado extático de iluminação pessoal, o *satori*, equivalente a um rompimento deliberado com o pensamento lógico, obtido por meio de práticas de meditação sobre o vazio ou reflexão a respeito de absurdos, paradoxos e enigmas insolúveis (*koans*) [...]" [*Dicionário Houaiss*]

Quando refletimos, deliberamos, conceituamos, o inconsciente primário se perde e surge o pensamento [...] Devemos reconquistar a ingenuidade infantil através de muitos anos de exercício na arte de nos esquecermos de nós próprios. Nesse estágio, o homem pensa sem pensar. [...] Uma vez que o homem alicerce esse estado de evolução espiritual, ele se torna um artista Zen da vida.[35]

Sem querer dar *spoiler* do livro, o fato é que o mestre zen que aceitou ensinar o filósofo alemão acertava 100% dos tiros na mosca.

Não é preciso seguir a filosofia zen para compreender a importância de valorizar o momento presente. Muitos de nós desperdiçamos precioso tempo de vida deslocados da realidade que acontece aqui e agora. Podemos nos aprisionar nas memórias dolorosas do passado, repisando o sofrimento sem qualquer benefício para nós. Há também os que se refugiam nas boas lembranças, flertando perigosamente com o saudosismo. Podemos também nos perder no labirinto das múltiplas possibilidades que o futuro nos reserva (sem nenhuma garantia de que vão acontecer do jeito que imaginamos), precipitando pensamentos e emoções que roubam tempo e energia.

---

35. Eugen Herrigel. *A arte cavalheiresca do arqueiro zen*. 14. ed. São Paulo: Pensamento, 1995. [*Introdução* de Daisetsu T. Suzuki, pp. 11 e 12]

"Nada é mais poderoso do que uma ideia que chegou no tempo certo", diz a frase atribuída a Victor Hugo, um dos mais importantes escritores da história da França. O tempo certo das coisas só pode ser percebido por quem está atento ao momento presente, por aqueles que têm *timing*, palavra em inglês que significa uma sensibilidade apurada para entender o melhor momento de realizar alguma coisa.

O ideal é que estejamos atentos para que nossas escolhas aconteçam do jeito certo, no momento certo. E o momento mais importante da sua vida é agora!

Muitos de nós desperdiçamos precioso tempo de vida deslocados da realidade que acontece aqui e agora. O tempo certo das coisas só pode ser percebido por quem está atento ao momento presente, por aqueles que têm *timing*, palavra em inglês que significa uma sensibilidade apurada para entender o melhor momento de realizar alguma coisa. O ideal é que estejamos atentos para que nossas escolhas aconteçam do jeito certo, no momento certo. E o momento mais importante da sua vida é agora!

Força, coragem e fé

Não desanime, não pare no primeiro degrau da ascensão.
    Se a dúvida o assaltar, se a tristeza bater à sua porta, se a calúnia o ferir, erga sua cabeça corajosamente e contemple o céu iluminado e tranquilo.
    Embora recoberto de nuvens, você sabe que elas passarão e o céu voltará a brilhar.
    Siga à frente, que todas as nuvens da existência também hão de passar, e voltará a brilhar o sol da alegria.
— **PASTORINO**

Carlos Torres Pastorino. *Minutos de sabedoria*. 42. ed. Petrópolis: Vozes, 2016. [mensagem 143]

Quem acompanha o *Papo das 9* deve ter perdido a conta de quantas vezes desejei aos amigos que nos assistem nas *lives* "força, coragem e fé". Essas palavras foram repetidas inúmeras vezes na pior fase da pandemia, quando a sensação de impotência diante do avanço do número de casos de covid, a superlotação dos hospitais e a elevada taxa de mortalidade nos deixaram acuados. Adotei-as como mantras que resumem a necessidade de acreditar na vida e não perder a esperança jamais.

Elas me apareceram pela primeira vez numa sessão de autógrafos do livro que escrevi sobre prevenção do suicídio, *Viver é a melhor opção*,[36] quando uma pessoa que estava na fila me pediu uma dedicatória especial que pudesse demover um conhecido dela da ideia de se matar. Me senti impotente e desconcertado naquela situação. Não sabia o que escrever. Foi quando as três palavras pareceram ter sido sopradas em minha mente; resolvi escrevê-las, sentindo um misto de alívio e gratidão. Me pareceram adequadas, embora num primeiro momento não tivesse noção do verdadeiro alcance de cada uma delas.

Meses (e muitas dedicatórias) depois, resolvi investigar se essas palavras tinham um sentido específico para

---

36.André Trigueiro. *Viver é a melhor opção: a prevenção do suicídio no Brasil e no mundo.* São Bernardo do Campo: Correio Fraterno, 2015.

mim quando agrupadas, nessa ordem, da forma como eu as utilizava. Me debrucei sobre o assunto e compartilho nas linhas a seguir o resultado dessa investigação.

"Força" é a palavra que abre os trabalhos. Num universo dinâmico, onde tudo está em movimento, é preciso força para sair da inércia. São muitas as situações em que nos sentimos aprisionados na rotina, refugiados na zona de conforto, sem ânimo para seguir em frente. Vida é movimento, e nenhum movimento é possível sem o uso da força!

Depois que a força dá o empurrãozinho inicial, é preciso "coragem" para avançar, descortinando novos horizontes, sem ter certeza de que fez a escolha certa, sem ter o controle absoluto da situação. Haverá quedas, decepções e frustrações, e, ainda assim, o caminho será belo porque será o seu caminho. A coragem de ser quem se é, enfrentando todos os obstáculos que se oponham a esse legítimo direito, resume um dos objetivos mais sublimes da existência!

"Fé" é confiar num poder que você nem sabe explicar direito o que é, mas que te alimenta a alma, te faz sentir protegido e amparado, aquece o coração nos momentos difíceis e mantém acesa a chama da esperança. "Sejamos sóbrios, vestindo-nos da couraça da fé e da caridade e tendo por capacete a esperança da salvação", escreveu Paulo (*1Ts* 5:8).

A combinação positiva dessas três palavras virou a marca registrada do *Papo das 9*.

Te desejo força, coragem e fé! Agora e sempre!

Força, coragem e fé.

"Força" é a palavra que abre os trabalhos. Num universo dinâmico, onde tudo está em movimento, é preciso força para sair da inércia. Vida é movimento, e nenhum movimento é possível sem o uso da força!

Depois que a força dá o empurrãozinho inicial, é preciso "coragem" para avançar, descortinando novos horizontes, sem ter certeza de que fez a escolha certa, sem ter o controle absoluto da situação.

A coragem de ser quem
se é, enfrentando todos os
obstáculos que se oponham a
esse legítimo direito, resume um dos
objetivos mais sublimes da existência!

"Fé" é confiar numa força que você nem sabe
explicar direito o que é, mas que te alimenta
a alma, te faz sentir protegido e amparado,
aquece o coração nos momentos difíceis e
mantém acesa a chama da esperança.

Te desejo força, coragem e
fé! Agora e sempre!

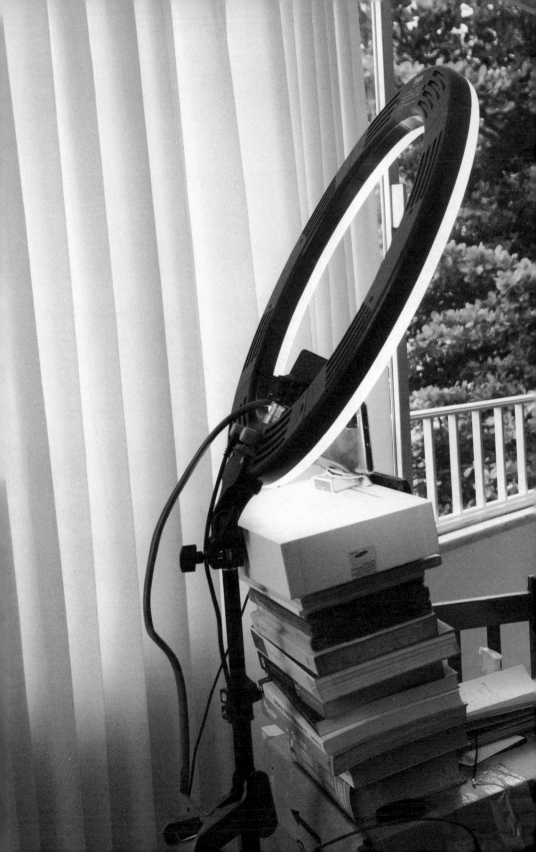

Acompanhe as *lives* e assista aos programas anteriores

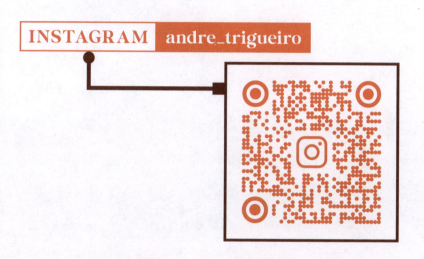

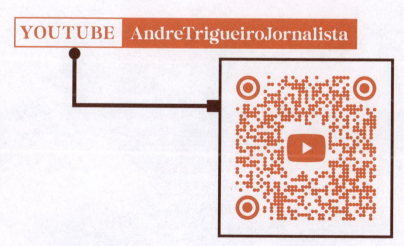

SABEDORIA
no dia a dia

© 2024 by EDITORA INTERVIDAS

DIRETOR GERAL
Ricardo Pinfildi

DIRETOR EDITORIAL
Ary Dourado

ASSISTENTE EDITORIAL
Thiago Barbosa

CONSELHO EDITORIAL
Ary Dourado, Ricardo Pinfildi, Rubens Silvestre, Thiago Barbosa

DIREITOS AUTORAIS CEDIDOS
C.E.N.L. Casas André Luiz
CNPJ 62 220 637/0001-40
Avenida André Luiz, 723 Picanço
07 082-050 Guarulhos SP
11 2457 7733   www.casasandreluiz.org.br

DIREITOS DE EDIÇÃO
Editora InterVidas [Organizações Candeia Ltda.]
CNPJ 03 784 317/0001-54   IE 260 136 150 118
Rua Minas Gerais, 1520 Vila Rodrigues
15 801-280 Catanduva SP
17 3524 9801   www.intervidas.com

DADOS INTERNACIONAIS DE CATALOGAÇÃO NA PUBLICAÇÃO [CIP BRASIL]

T828s

TRIGUEIRO, André [*1966]
Sabedoria no dia a dia
André Trigueiro
Catanduva, SP: InterVidas, 2024

240 p. ; 15,7 × 22,5 × 1,3 cm ; il.

ISBN 978 85 60960 33 0

1. Autoconhecimento   2. Desenvolvimento pessoal
3. Comportamento   4. Reflexões   5. Motivação
6. Espiritualidade   7. Evangelho   8. Psicologia aplicada
I. Trigueiro, André   II. Título

CDD 158.1   CDU 159.94

ÍNDICE PARA CATÁLOGO SISTEMÁTICO

1. Autoconhecimento : Desenvolvimento pessoal : Comportamento
Reflexões : Motivação : Psicologia aplicada   158.1

EDIÇÕES

1.ª edição, 1.ª tiragem, abril de 2024, 7 mil exs.
1.ª edição, 2.ª tiragem, agosto de 2024, 3 mil exs.

Impresso no Brasil   *Printed in Brazil   Presita en Brazilo*

Colofão

TÍTULO
Sabedoria no dia a dia

AUTORIA
André Trigueiro

EDIÇÃO
1.ª edição

TIRAGEM
2.ª

EDITORA
InterVidas
[Catanduva SP]

ISBN
978 85 60960 33 0

PÁGINAS
240

TAMANHO MIOLO
15,5 x 22,5 cm

TAMANHO CAPA
15,7 × 22,5 × 1,3 cm
[orelhas 9 cm]

CAPA
Ary Dourado

FOTOS
Rachel Guimarães

REVISÃO
Beatriz Rocha

**PROJETO GRÁFICO
& DIAGRAMAÇÃO**
Ary Dourado

TIPOGRAFIA CAPA
(Great Studio) Bigola Display
[Regular, Italic]
(F37) Caslon [SemiBold, Bold] Text

TIPOGRAFIA TEXTO PRINCIPAL
(F37) Caslon SemiBold Text 13/16

TIPOGRAFIA EPÍGRAFE
(F37) Caslon Bold Text 14/16

TIPOGRAFIA CITAÇÃO
(F37) Caslon SemiBold Text 12/16

TIPOGRAFIA TÍTULO
(Great Studio) Bigola Display
Regular [28, 48]/[32, 48]

TIPOGRAFIA INTERTÍTULO
(Great Studio) Bigola
Display Regular 16/16

TIPOGRAFIA NOTA DE RODAPÉ
(F37) Caslon Bold Text 11,5/16

**TIPOGRAFIA
NOTA DE RODAPÉ EPÍGRAFE**
(F37) Caslon ExtraBold Text 12/16

TIPOGRAFIA OLHO
(Great Studio) Bigola
Display Regular 16/20

TIPOGRAFIA DADOS
(F37) Caslon [Bold, ExtraBold]
Text [8, 9]/11

TIPOGRAFIA COLOFÃO
(F37) Caslon [Bold, ExtraBold]
Text [8, 9]/11

TIPOGRAFIA FÓLIO
(Great Studio) Bigola
Display Regular 13/16

MANCHA
103,3 x 162,5 mm 29 linhas
[sem fólio]

MARGENS
17,2 : 25 : 34,4 : 37,5 mm
[interna : superior : externa : inferior]

COMPOSIÇÃO
Adobe InDesign 19.5
[macOS Sonoma 14.5]

PAPEL MIOLO
ofsete Sylvamo Chambril Book
75 g/m²

PAPEL CAPA
cartão Ningbo Fold C1S 250 g/m²

CORES MIOLO
2 × 2 cores:
Preto escala e Pantone 1665 U

CORES CAPA
4 × 1 cores:
CMYK × Pantone 1665 U

TINTA MIOLO
Sun Chemical SunLit Diamond

TINTA CAPA
Sun Chemical SunLit Diamond

PRÉ-IMPRESSÃO CTP
Kodak Trendsetter 800 Platesetter

PROVAS MIOLO
Epson SureColor P6000

PROVAS CAPA
Epson SureColor P6000

IMPRESSÃO
processo ofsete

IMPRESSÃO MIOLO
Komori Lithrone S40P
Komori Lithrone LS40
Heidelberg Speedmaster SM 102-2

IMPRESSÃO CAPA
Heidelberg Speedmaster XL 75

ACABAMENTO MIOLO
cadernos de 32 e 16 pp.,
costurados e colados

ACABAMENTO CAPA
brochura com orelhas,
laminação BOPP fosco,
verniz UV brilho com reserva

PRÉ-IMPRESSOR
Gráfica Santa Marta
[São Bernardo do Campo SP]

IMPRESSOR
Gráfica Santa Marta
[São Bernardo do Campo SP]

TIRAGEM
3 mil exemplares

TIRAGEM ACUMULADA
10 mil exemplares

PRODUÇÃO
agosto de 2024

 intervidas.com   intervidas  editoraintervidas

O AUTOR CEDEU OS DIREITOS AUTORAIS DESTE LIVRO
C.E.N.L. Casas André Luiz
Avenida André Luiz, 723 Picanço
07 082-050 Guarulhos SP
www.casasandreluiz.org.br

Ótimos livros podem mudar o mundo.
Livros impressos em papel certificado FSC® de fato o mudam.